静岡・愛知 ご朱印めぐり旅

乙女の寺社案内

ふじのくに倶楽部 著

メイツ出版

静岡・愛知　ご朱印めぐり旅
乙女の寺社案内

清洲山王宮

日吉神社

【ひよしじんじゃ】 清須市

申年生まれと猿好きにも人気が高い

奈良時代に起源を持ち、病や厄災を除くことを目的として建立。拝殿前、拝殿脇、屋根の上など境内のいたる所にさまざまな表情の申の石像が全部で24体あり、まるで厄を払い去る(申)ように監視しているかのよう。境内の一角には、女性が触れると子宝のご利益があるという「子産石(こうみいし)」があり、豊臣秀吉の生母は、この石に触れて秀吉を授かり、幼名を「日吉丸」と名付けたとされています。ほかに、松平忠吉の埋蔵金伝説や「はきだし参り」など歴史伝承のある神社です。

「この人ゴミを押しわけて、はやく来やがれ、王子さま」で有名なアーティストのイチハラヒロコさんの恋みくじも人気。申年の人はもちろん、猿好きな人の参拝者も多く訪れます。

縦3×横4.5mの巨大絵馬。井上北斗氏により神前で描かれ奉納

MAP P126-2

写真

実際に札所を回り、取材・撮影した写真です。写真の傍に説明文を掲載しています。

寺院・神社名

掲載している札所の名称です。

MAP番号

それぞれの地図番号を掲載して、全体MAPで大体の位置を検索しやすくしています。

本文

伺った寺院や神社の大まかな説明などを取材ライターが書き、記載しています。

本書の使い方

御朱印
その札所でいただいた御朱印の写真をそのまま掲載しています。

立ち寄りスポット
掲載している寺院・神社の最寄りにある、おすすめの立ち寄りスポットを紹介しています。

DATA
掲載している寺院・神社の住所、電話番号、営業時間、駐車場の有無、アクセスなどを掲載しています。

アクセスMAP
掲載している寺院・神社への最寄りインター、駅などからの道を書き出しています。

Pick UP
ここで買えるご利益のあるお守りなどを複数、写真付きで紹介しています。

寄り道スポット

神社から徒歩3分ほどの場所にある和菓子店。全国菓子大博覧会で審査総長賞を受賞した「信長もなか」は十勝産の小豆がたっぷり。お土産にも喜ばれそう。

菊花堂

愛知県清須市清洲2257-1
☎052-400-3220
営8:00~20:00
休火曜
Pあり

DATA

清洲山王宮
日吉神社

愛知県清須市清洲2272
☎052-400-2402
[参拝時間]9:00~17:00
[御朱印料]300円
[ご朱印・お守りの授与時間]
9:00~17:00
P30台
[アクセス]
名鉄名古屋本線・新清洲駅より徒歩8分
HP http://www.hiyoshikami.jp

力強く筆で書かれた文字が印象的。中央に押印されたスタンプの模様も雰囲気がある

Pick UP

神猿「まさる」がかわいく描かれている。祈願絵馬800円

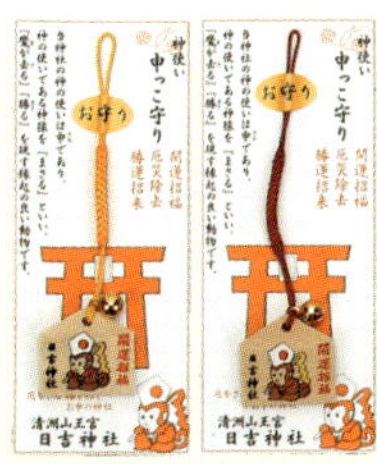

キュートな猿が描かれた絵馬型のお守。「申っこ守り」300円

子供連れに人気。パステルカラーの3色がかわいい「子供守」500円

本書に記載してある情報は、すべて2016年3月現在のものです。
情報に変更がある場合もありますので、事前にご確認の上、お出かけ下さい。

御朱印の集め方と豆知識

「御朱印」という言葉は聞いたことがあるけれど、集めるとどんなご利益があるかご存知ですか？
ここでは、ご利益や知っておきたいマナーなどを紹介します。

御朱印とは？

御朱印とは、神社や寺院などに参拝した際にいただける書と印のことです。御朱印にはその神社や寺院のご本尊や社名などが書き記されており、一見似た感じがしても、それぞれに個性があり、味わいがあります。また、御朱印は単なるスタンプとは異なり、神主や僧侶が一筆ずつ墨書きし、押印してくれるもので、お札やお守りと同じようにありがたいもの。旅の記念にいただくとしても、神仏に敬意を払って、大切に保管しましょう。大きな神社や寺院の場合、一カ所で複数の御朱印があることも。その場合は、自分がほしい御朱印をきちんと伝えましょう。一度に複数いただいてもマナー違反ではありません。また、全ての神社・寺院で御朱印をいただけるわけではありません。浄土真宗のお寺では御朱印の授与をしていない場合もあります。

どこで、どうもらう？

御朱印は、一般参拝ができる神社や寺院でいただけます。大抵の場合、境内の入口付近の受付や社務所などが窓口になっているでしょう。最近は「御朱印受付」の看板が出ている寺院や神社も多いので、見付けるのはそれほど難しくなく、お守りやおみくじがある場所のこともあります。いただける場所が分かったら、そこで「御朱印をお願いします」と伝え、300円ほど支払っていただくのが一般的です（金額は神社や寺院で異なる場合があります）。御朱印は記念スタンプではないので、手持ちのノートなどではなく、御朱印帳にいただくのがベター。小さな寺社の場合、社務所が住居になっている場合や、住職の自宅へ回っていただくこともあるため、常識的な時間に訪れるのが礼儀です。

御朱印をいただく時のマナー

御朱印は心が込められた、ありがたいもの。御朱印を書いていただいている間は邪魔にならないよう静かに待ちましょう。また、書いている姿を写真に撮影するのはマナー違反。その神社・寺院にとって大事なものをいただくのですから、お礼を言い、お辞儀をして両手で大切に受け取るのは最低限のマナーです。それ以外に特別な作法はありません。

御朱印巡り

御朱印を1カ所だけでもらうのもいいですが、スタンプラリーのように御朱印巡りをする楽しみもあります。有名なところでいえば「お遍路さん」の四国八十八カ所霊場巡り。全国各地に霊場巡礼のコースがあり、決められている札所を順番に巡り、全て巡り終えると願いが叶うご利益がある、といわれています。札所には番号がありますが、必ずしもその順番通りに回らなくてもよく、アクセスが近い番号から回る人も増えています。御朱印を集めながら、旅を楽しむのも一つです。

お参りの作法を覚えよう

意外と知らない神社と寺院の違いや
お参りの作法。
恥ずかしくて今更聞けない、
そんな基本を教えます。

参道を歩く時

神様の真正面に位置する参道の真ん中は「正中(せいちゅう)」と呼ばれ、そこは神様が歩く道とされています。参道を歩く時は真ん中を避けて、
道の端を歩きます。

手水舎の作法

まず門をくぐる前に一礼し、手水舎で手を洗い、次に口をすすぎ、身を清めます。この時のひしゃくの使い方は、❶右手にひしゃくを持って水をすくい、左手に水を掛けます。❷左手に持ち替えて、右手に水を掛けます。❸もう一度右手にひしゃくを持ち替えたら、左手で水を受け、口を軽くすすぎます。❹ひしゃくを縦に傾け、残った水でひしゃくの柄の部分を流したら、ひしゃくを元の位置に戻します。

神社の参拝方法

❶鳥居をくぐる際に一礼します。
❷手水舎で身を清めます。
❸拝殿前に進み出て最初軽くおじぎをします。
❹お賽銭を入れてから、鈴を鳴らします。
❺深く2回、おじぎをします。
❻2回拍手をします。
❼深く1回おじきをします。

寺院の参拝方法

❶門をくぐる前に、軽くおじきをします。
❷お線香をあげます。
※なければ省略
❸軽く1回おじきをし、お賽銭を入れて、鈴を鳴らします。
❹合掌して、祈願します。
❺深く2回、おじぎをします。
❻2回拍手をします。
❼軽く1回おじきをして、退きます。
※柏手は打ちません

静岡・愛知 御朱印めぐり旅

静岡エリア

本殿脇に鎮座するのが国指定天然記念物の御神木「来宮様の大クス」。その生命力にあやかって健康長寿を祈願する人も多い

ひっそりとした境内には、鳥のさえずりが軽やかに響く。10月の例大祭で立つ幟旗は、山岡鉄舟書で伊豆最大（約18m）だそうだ

杉桙別命神社

【すぎほこわけのみことじんじゃ】 賀茂郡河津町

大楠のパワーに癒やされて禁酒と健康を祈願

早咲きの桜と湯処で名高い河津町。弥生の昔から鎮まる社は、「川津来宮神社」と俗称されていますが、「杉桙別命（すぎほこわけのみこと）」の祭神名を戴くのが正式です。この珍しい神様は大の酒好きでしたが、酔って寝ているところを野火に襲われ、たくさんの小鳥に助けられたのを機に酒断ちをしたとか。この伝説に由来し、地元では毎年12月18日から6日間、酒と鳥・卵の飲食を禁じる「鳥精進・酒精進」の奇習が、今も守られています。そんな禁酒の神を祀る社では、一方でどぶろく作りが許されており、毎年宮司が仕込み例大祭で振る舞います。

もう一つの名物は御神木の大楠。千年以上の齢を重ねてなお勇壮にそびえる姿は、ただただ圧倒的。力強くも優しいエネルギーで心身を癒やしてくれます。

社務所は二の鳥居横、拝殿の斜向かいに。「禁酒守」などの授与品もある

MAP P124-3

寄り道スポット

無料開放された公園には足湯や温ベンチを設置。ほっこり寛げるほか、温泉卵作りも楽しめる。もちろん1時間に1度の大噴湯は圧巻！ 近づき過ぎるとずぶぬれになるのでご注意を。

峰温泉大噴湯公園

静岡県賀茂郡河津町峰446-1
☎0558-34-0311
営9:00～16:00
休火・金曜　Pあり
HP http://www.kawazu-onsen.com/

DATA

杉桙別命神社

静岡県賀茂郡河津町田中154
☎0558-32-0800
[参拝時間]終日
[御朱印料]300円
[御朱印・お守りの授与時間]
7:00～19:00
P5台
[アクセス]
伊豆急行・河津駅より徒歩約15分
HPなし

御朱印

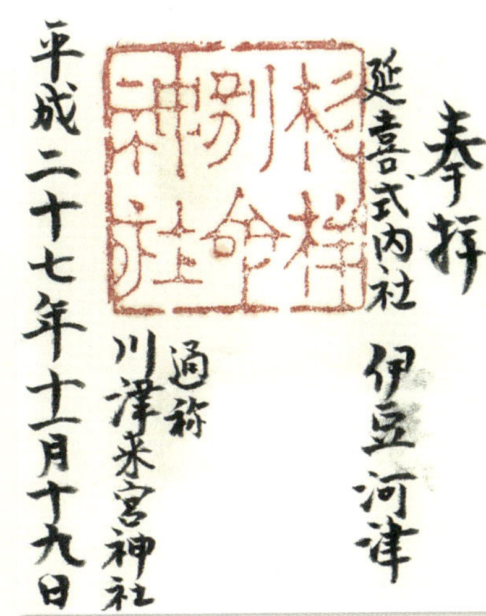

慶長18年の棟札に「木野宮大明神」とあり、以降は「来宮」と称されてきたが、明治2年に延喜式所載の旧称「杉桙別命神社」を復活。神奈川西部から伊豆半島に多いキノミヤ信仰に基づくと思われるものの、謎に包まれている

Pick UP

樹齢千年以上の大楠の気を込めた健康長寿守500円。自分用にも大切な人に贈っても

「幸せお願い地蔵守」500円。お地蔵様と二人三脚で心を結び合わせると願いが叶えられるよう祈願されている

風水で金運アップの黄色に日本一の大楠をデザインした貯金通帳入れ500円。いかにもお金がたまりそう！

オリジナルの大楠絵馬500円に願いを託して…

社は当初、現在地より500mほど北西の「神明(かみあけ)」にあったという。鳥居正面に構えるのは拝殿で、樹齢2千年を超す2本の柏槙が伊豆最古の歴史を思わせる

伊古奈比咩命神社

【いこなひめのみことじんじゃ】 下田市

三嶋大明神最愛の后神を祀る伊豆最古の宮

紺碧の海に白砂が眩い白浜海岸。2400年前の太古の昔に、遥か南方から黒潮に乗ってやって来た三嶋大明神は、富士の大神からこの地を譲り受け、南伊豆の伊古奈比咩命(いこなひめのみこと)を后に迎えて鎮まりました。その後、供の3神とともに伊豆七島を造ると、一時三宅島に移りますが、再び白浜へ。やがて現在の三嶋大社へ遷座(せんざ)したとも言われています。

通称「白濱神社」と呼ばれる社は、主祭神が后神であることから、縁結びや子授けに霊験ありと評判です。そんな境内には女性的な奥ゆかしさが漂いますが、裏山の本殿を包む空気は、自然と頭が垂れるほど荘厳。一方で、背後の海辺には黄泉を思わせる大きな岩洞があるとか。伊豆最古の宮は、果たして天・俗・冥を結ぶ聖域なのかもしれません。

神社を取り囲むように美しい白浜海岸が広がる。駐車場奥には赤鳥居が建つ大明神岩も

MAP P124-3

寄り道スポット

下田市街地にも歴史ある寺社がいっぱい。中でも了仙寺は、幕府がペリーと日米下田条約を結んだ舞台で、3000点超の開国に関する資料を所蔵。参道のペリーロードも風情があってステキ。

了仙寺&ペリーロード

静岡県下田市3-12-12
☎0558-22-0657
🕒8:30〜17:00
（御朱印受付は16:30まで）
Ⓟ40台
HP http://www.izu.co.jp/~ryosenji/

御朱印

主祭神の伊古奈比咩命は南伊豆の賀茂族出身で、宮司の原家は代々仕えていた神主という。社には他に相殿で三嶋大明神と、見目、若宮、剣ノ御子の3随神を合祀

DATA

伊古奈比咩命神社

静岡県下田市白浜2740
☎0558-22-1183
［参拝時間］終日
［御朱印料］300円
［御朱印・お守りの授与時間］
9:00〜17:00
Ⓟ60台
［アクセス］
修善寺道路・修善寺ICより車で約90分
HP http://www.ikonahime.com

Pick UP

ハートの模様とぷっくりした巾着型がかわいらしい縁結び守り500円。ピンクと水色の2種類ある

赤ひもブレスレットタイプの縁結び守り1,000円。ハート形のチャームは取り外し可能

「夢」と「叶」の2つの小さなお守りをチャームにした「夢叶守」500円。バッグなどにつけてもキュート

小さな桜をアクリル樹脂のドームの中に閉じ込めた「桜守」500円は開運招福を願う人に

伝承では、5世紀頃に物忌奈命を祀る神社として創建、701年に役行者（えんのぎょうじゃ）が十一面観音を合祀し、修行場だった岩窟に石室神社を建立したという。伊豆の僻地にありながら、江戸時代に鷹司家から奉納された燈籠や貴重な古文書も多く所蔵

石室神社

【いろうじんじゃ】 賀茂郡南伊豆町

最果ての岸壁から海の安全を守る神秘の社

伊豆半島最南端に位置する石廊崎。山上に白く輝く灯台からさらに先へ進むと、一面の大海原を望む断崖にめり込むように造られた驚きの社が現れます。海上安全の神・伊波例命（いはれのみこと）と産業振興の神・物忌奈命（ものいみなのみこと）を主祭神に祀る南伊豆最古の神社は、古来より波風荒い岬を往来する航海者たちに崇敬されてきました。

神秘的な社には魔訶不思議な伝説も。昔、江戸へ向かう播州の千石船が岬沖で嵐に遭い、「帆柱を奉納するので助けてほしい」と石廊権現（いろうごんげん）に願ったところ、波は沈静。帰路に誓い通り帆柱を切って海に放つと、供えたように神前に打ち上げられたとか。それは現社殿の土台になっていて、見ることもできます。また、突端には縁結びの熊野神社も鎮座するので、参拝はお忘れなく。

岸壁の突端に鎮座するのが熊野神社。伊豆七島を望む大海の景色は本当に圧巻!

MAP P124-3

寄り道スポット

ジオパークビジターセンターのある愛逢岬は、秘境の地・奥石廊の自然と夕景が美しい眺望スポット。下賀茂温泉100%の塩を振りかけるジオソフトや大地を模したジオ菓子もおすすめ。

南伊豆町ジオパークビジターセンター

静岡県賀茂郡南伊豆町入間1839-1(あいあい岬)
☎0558-65-1155
🕙10:00～16:30
(季節により変更あり)
㊡なし　Ⓟあり
ⒽⓅhttp://www.minami-izu.jp/

御朱印

宮司は小澤家が代々務め(一代抜けあり)、現在は44代目を継ぐ禰宜(ねぎ)が、悪天候や所要がない限り常勤。参拝はいつでも可能だが、落書きなどしないようマナーは守って!

DATA

石室神社

静岡県賀茂郡南伊豆町石廊崎9
☎0558-62-0141(観光協会)
[参拝時間]終日
[御朱印料]300円
[御朱印・お守りの授与時間]
9:00～16:00
※悪天候や所要により神主不在日あり
Ⓟ石廊崎港P利用(500円)
[アクセス]
伊豆急行・下田駅より東海バスで石廊崎港口下車、徒歩約20分
ⒽⓅなし

Pick Up

ガラス張りの床から確認できる「千石船の帆柱」。元は7～8トンあったと思われる大木は海から運んだとしか考えられないのだが…まさに伊豆の七不思議!

「願望成就守」1,000円。「なりタイ」願い事を成就に導くキュートな鯛の根付は水琴鈴の音色に癒やされる

珍しい「海上安全守」各500円は、漁業関係者のみならずマリンスポーツや釣りの愛好者にもおすすめ

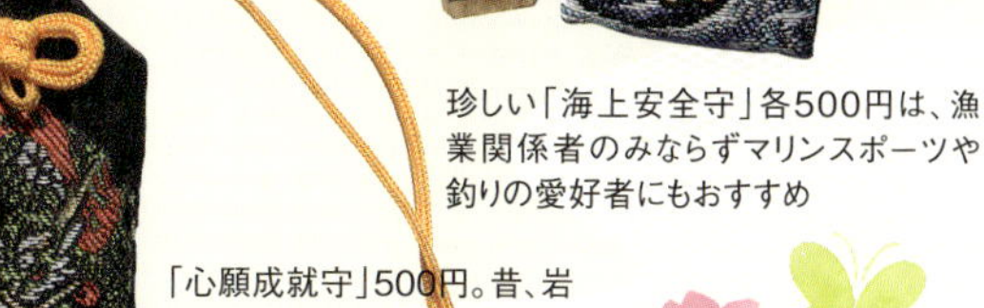

「心願成就守」500円。昔、岩窟で修行中の役行者を守ったという青龍が、夢達成に努力する人を応援してくれそう

拝殿前にそびえるのが天然記念物の母イチョウ。境内に生える他の2本と併せて親子イチョウと呼ばれ、晩秋には一面を黄絨毯で覆い尽くす。通称「下の宮」と呼ばれる神社には、森清人宮司が彫った精霊像や珠玉の言霊がたくさん。眺めていると自然に感謝の気持ちが湧いてくる

伊那下神社

【いなしもじんじゃ】

賀茂郡松崎町

神様が身近に感じられる精霊の杜

丹色の鳥居をくぐると、独創的な木彫りの精霊たちとともに、樹齢千年の母イチョウが、参拝者を優しく迎えてくれます。古代より神が宿ると崇められてきた牛原山は、かつては山自体が祭祀場でしたが、やがて麓に社を造営。山の神・彦火火出見尊（ひこほほでみのみこと）と海の神・住吉三柱大神（すみよしみはしらのおおかみ）を主祭神に祀る松崎の総鎮守となりました。そんな神の山からは地下水も湧出。「神明水」と呼ばれる清水は、まろやかな甘みがあり、連日汲みに訪れる人が後を絶ちません。さらに、伊那下七福神の一つ「大足社」も、手足の病に霊験あらたかだと評判です。

神聖ながらも開放的な社では、ぜひ自由に入れる拝殿内でお参りを。本殿前の厳かな霊気の中で手を合わせれば、神様の存在がとても身近に感じられます。

龍谷水神社から湧き出る神明水はお水取り自由。天神と雲龍の彫り物からは「知恵」と「健康長寿」の気がこもった聖水がいただける

MAP P124-3

寄り道スポット

松崎独特の漆喰文化を「こて絵」芸術に昇華させた左官の名工・入江長八の代表作品を展示。さらに、なまこ壁の古い家並みや田園を使った花畑など、情趣ある町は散策するだけで楽しい。

伊豆の長八美術館

静岡県松崎町松崎23
☎0558-42-2540
🕘9:00～17:00
休なし
Pあり
HP http://www.izu-matsuzaki.com/
※入館料は大人500円
（中学生以下無料）

DATA

伊那下神社

静岡県賀茂郡松崎町松崎28
☎0558-42-2268
［参拝時間］終日
［御朱印料］300円
［御朱印・お守りの授与時間］
8:00～17:00
P5台
［アクセス］
修善寺道路・修善寺ICより
車で約70分
HP http://www.inasimo-jinja.jp/

御朱印

御朱印が頂ける社務所の奥は宝物館になっており、拝観無料。源頼朝寄進の和鏡や入江長八作の漆喰人形など、貴重な宝物が自由に見られるので、ぜひ立ち寄ってみて

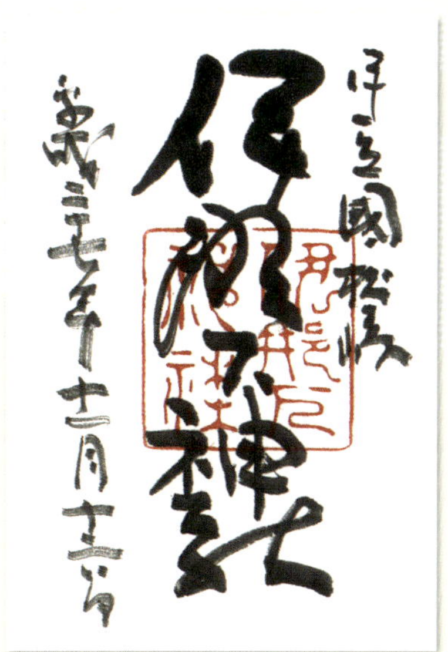

Pick Up

将来の夢へ努力できるよう祈願した「大入叶守」700円は松崎名物のなまこ壁をデザイン

手足の病を癒やす大足大明神のお守り700円。奉納して平癒を祈願する草履の絵馬もある

樹齢千年を超す御神木のイチョウをあしらい健康長寿を祈願した「健康御守」700円

若々しい力がほしい人には大イチョウと雷神の気を込めた「活力守」700円がおすすめ

古くは第16代仁徳天皇より六朝の天皇の勅願所となった格式高い社は、源頼朝も篤く崇敬。頼朝との結婚を父から反対されていた北条政子は、本殿前の梛の木の葉を鏡の下に忍ばせて恋成就を願ったそう

関八州総鎮護

伊豆山神社

【いずさんじんじゃ】 熱海市

天下人に強運を授けた温泉の守護神

伊豆山には赤白(せきびゃく)二龍が棲むという。赤は火、白は水をつかさどり、地底で和合し温泉を生み出す―霊泉「走り湯」の伝説に由来する神社は、温泉守護の走湯大権現(そうとうだいごんげん)とも称され、シンボルの赤白龍は御祭神・正哉吾勝勝速日天忍穂耳尊(まさやあかつかつはやひあめのおしほみみのみこと)の随身と言われています。現在、相模湾の眺望美しい伊豆山中腹に鎮まる社は、元は日金山にあり、本宮山を経て遷座(せんざ)。古くは修験道の霊地でもあったという聖域には、どこか神的な空気が漂います。

他方では、伊豆配流中の源頼朝が北条政子と密かに愛を育み、源氏再興を祈った場所としても有名ですが、実は徳川家康も戦勝祈願し、関ヶ原に勝利したのだそう。天下人に強運を授けた神様に参拝すれば、どんな困難もはね返す力がもらえそうです。

837段の参道の昇り口近くにある「走り湯」。珍しい横穴式源泉で、昔は伊豆山詣での清めの温泉だった

MAP P124-2

寄り道スポット

大正初期から4代続く伊豆山神社御用達の老舗羊羹店。伝統を大切にしつつ、マカロンのような最中「彩姫」など新スタイルにも挑戦。併設の茶房「陣」では本格ドリップコーヒーも楽しめる。彩り最中「彩姫」は桜、みかん、柚子、抹茶の4種類あり1個120円。

常盤木羊羹店 總本店

静岡県熱海市銀座町9-1
☎總本店0557-81-4421
　茶房0557-81-8633
🕙10:00〜18:00（茶房LO17:30）
休水・木曜　Pなし
HP http://tokiwagi-yohkanten.com

DATA

関八州総鎮護
伊豆山神社

静岡県熱海市伊豆山708-1
☎0557-80-3164
[参拝時間]終日
[御朱印料]300円
[御朱印・お守りの授与時間]
9:00〜16:00
P10台程度（無料）
[アクセス]
東名・沼津ICより車で約65分
HP http://www.izusanjinjya.jp/

御朱印

御朱印の中央に描かれた剣が、伊豆山大神の強い力を表しているよう。ちなみに、「赤白二龍」のシンボルデザインは、魔除けの護符として授与される牛王宝印（ごおうほういん）に描かれた「走湯山宝印」の「印」の文字をかたどっている

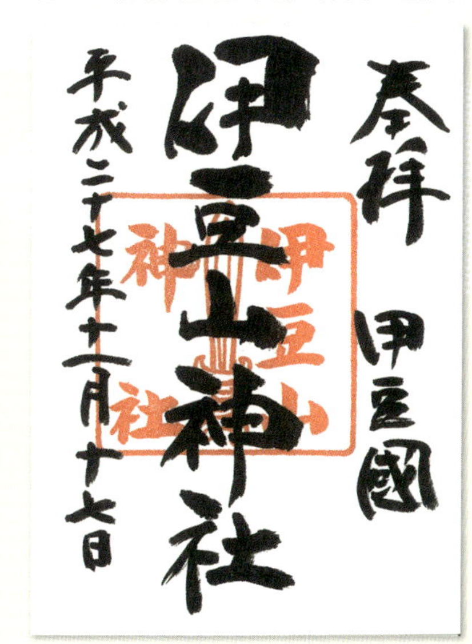

Pick UP

「強運守護ステッカー」800円。車やパソコンなどに貼れるほか、そのまま財布などに入れてもOK

災いや不幸をはね返して持ち主を守る魔除けの強運守800円。黒地に赤白二龍の粋なデザインは伊豆山神社のオリジナル

「交通安全御守」1,000円。やや大きめなお守りはインパクトも絶大！ 同デザインの御朱印帳も人気

嘉永7年の東海大地震による倒壊を経て再建された建物では、古建築社殿として東海最大級を誇る本殿（拝殿後方）に注目。舞殿や神門にも施された見事な彫刻は、小沢半兵衛・希道親子や後藤芳治良ら名工による

三嶋大社

【みしまたいしゃ】 三島市

街道の要で泰平を祈る農耕と商売繁盛の福徳神

御影石の大鳥居をくぐると、春には薄桃に染まる桜の参道が、聖なる本殿へ誘います。御祭神は山森農産を司る大山祇命（おおやまつみのみこと）と、商売繁盛の福徳神で俗に恵比寿様と呼ばれる積羽八重事代主神（つみはやえことしろぬしのかみ）。二柱を総じて三嶋大明神と称されますが、地名の由来でもあるように、古くから三島に鎮まり、民衆に信仰されてきました。また、配流中の源頼朝も深く帰依。旗揚げした舞台でもあります。

素木造りが特徴の社殿では、明治の匠による彫刻が必見です。特に拝殿には、天照大神（あまてらすおおみかみ）の「天の岩戸開き」伝説を中央に、吉備真備が唐の玄宗皇帝に碁で勝利した物語と、源頼政の鵺（ぬえ）退治の場面を右左に配し、「平和」には時に「智」と「勇」が必要であることを開示。街道の要衝から、常に世の平和を祈念しています。

樹齢1200年超の金木犀が初秋に芳香を放つほか、春には15種200本の桜が咲く名所でもある

MAP P124-2

寄り道スポット

森永アイスクリームを生産する冨士乳業の直営店。人気商品の「PARM」を自分好みにカスタマイズしてオリジナルパルムバーが作れるほか、出来立ての「MOW」をソフトクリームで味わえる。

パルモフジ

静岡県三島市大社町18-52
（大社の杜内）
☎055-972-1775
営10:00〜18:00
休不定休　P なし
HP http://taishanomori.jp/

DATA

三嶋大社

静岡県三島市大宮町2-1-5
☎055-975-0172
［参拝時間］終日
［御朱印料］300円
［御朱印・お守りの授与時間］
8:30〜17:00
P 55台（1時間200円）
［アクセス］
JR三島駅より徒歩約7分
HP http://www.mishimataisha.or.jp/

御朱印

三嶋大明神は下田の白濱（伊古奈比咩）神社から遷座したともいわれる。北に霊峰富士を望み、箱根、駿河湾にも近い開けた土地は、のちに東海道が走り、下田街道の起点となったように、あらゆる面での要衝だったのだろう

三嶋大社
奉拝
平成二十七年
十一月二十五日

三嶋駒（右）1,200円と大駒10,000円は、その年の干支をデザインした大社独特の縁起物。玄関や床の間に祀れば福を呼べそう

国の天然記念物・金木犀の香りを閉じ込めた「開運香り守」700円

恵比寿様にちなんだタイがめでたい「健康幸せおまもり」800円。台紙はしおりにもなる

「あきないえびす金福神」1,500円。商売繁盛の恵比寿様の神像画が描かれた紙のお札は神棚に祀ると良い

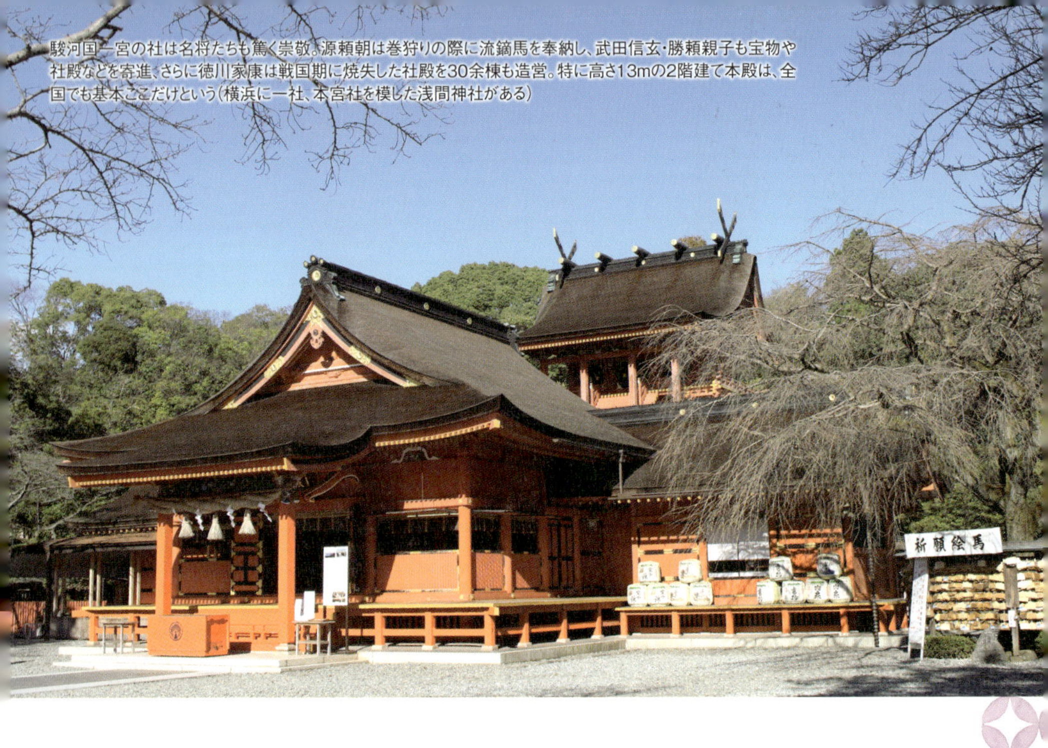

駿河国一宮の社は名将たちも篤く崇敬。源頼朝は巻狩りの際に流鏑馬を奉納し、武田信玄・勝頼親子も宝物や社殿などを寄進、さらに徳川家康は戦国期に焼失した社殿を30余棟も造営。特に高さ13mの2階建て本殿は、全国でも基本ここだけという（横浜に一社、本宮社を模した浅間神社がある）

駿河國一之宮

富士山本宮浅間大社

【ふじさんほんぐうせんげんたいしゃ】 富士宮市

富士山信仰の拠点となった世界遺産の社

太古より神聖視され、信仰を集めてきた富士山。全国に1300余りある浅間神社の総本宮として称えられる社は、霊峰の噴火を鎮めるために生まれました。その歴史は古く、紀元前27年、山足の地に木花之佐久夜毘賣命（このはなさくやひめのみこと）と同視される浅間大神（あさまのおおかみ）を祀ったのが始まり。以後、山宮を経て、806年に現在地へ遷座（せんざ）しました。やがて、富士山の霊水が湧き出る地は登拝者の禊の場に。信仰登山の起点であった社は、2013年、富士山構成資産として世界遺産になりました。

楼門をくぐると、拝殿の奥に流麗な本殿がそびえて見えます。珍しい2階建ての本殿は浅間造りと呼ばれ、徳川家康が関ヶ原の勝利のお礼に建てたもの。実は、その時に与えられた富士山8合目以上の神域も境内地です。

坂上田村麻呂がここに遷座する前の社地は現・山宮浅間神社で、5kmほど富士山寄りにある

MAP P124-1

寄り道スポット

昭和8年創業の北川製餡所直営甘味処。富士山の湧水と厳選小豆で炊くこだわりのあんこスイーツや甘酒、かき氷などが味わえる。おみくじ付きの縁起菓子「御くじ餅」（紅白1つずつで300円）で運試ししてみては?

和甘味ぷくいち

静岡県富士宮市宮町4-23
お宮横丁内
☎0544-25-2061
営10:00～17:00
休なし　Pなし
HP http://www.puku-ichi.com

DATA

駿河國一之宮 富士山本宮浅間大社

静岡県富士宮市宮町1-1
☎0544-27-2002
［参拝時間］5:00～20:00
（時期により変動あり）
［御朱印料］300円
［御朱印・お守りの授与時間］
8:00～17:00
P150台（1時間200円）
※近くに公共の無料駐車場もあり
［アクセス］
新東名・新富士ICより車で約10分
HP http://www.fuji-hongu.or.jp

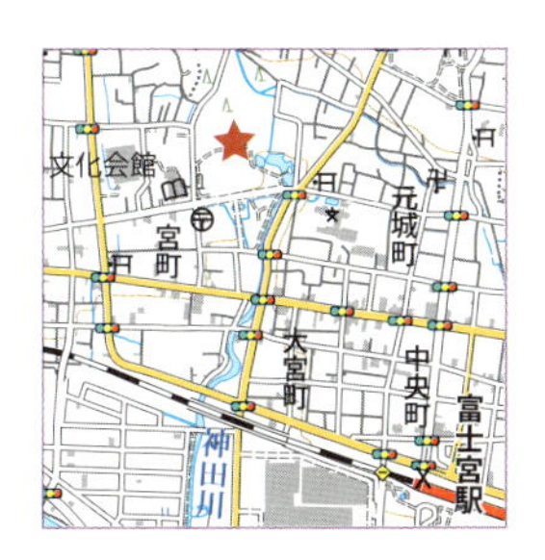

御朱印

主祭神の木花之佐久夜毘賣命は美しい姫神で、貞節を証明するため火中の産屋で3皇子を生んだことから、安産・子安、火難消除の守護神とされる。相殿の大山祇神（おおやまづみのかみ）と瓊々杵尊（ににひのみこと）とは親子・夫婦の関係

Pick Up

オリジナルの御朱印帳1,500円。富士山を背にした浅間造りの本殿を西側から仰いだ構図をデザイン

大開運日守
富士 本宮
朝日が出づる如く、運が昇りますように…
富士山本宮浅間大社

富士山頂に朝日を冠した吉祥柄の「大開運日守」1,000円

子宝・安産の神様の気をこめた「子安守」1,000円。おくるみの赤ちゃんが愛らしい

霊峰をシンプルに描いた「富士山袋守」1,000円は身の災難除けに

清水次郎長の菩提寺。現在の本堂は平成15年に建て替えられたもの

梅蔭禅寺

【ばいいんぜんじ】 静岡市清水区

次郎長が眠る禅寺で勝負運UP!

足利時代に創建、武田家の御朱印地となった禅宗寺院で、臨済宗妙心寺派に属します。清水港開港、三保や日本平の開墾など、社会貢献に尽力した侠客として有名な清水次郎長は、時の住職と親交があった縁もあり、この寺で供養されました。次郎長の子分である大政、小政、妻であるお蝶夫人もともに眠っています。

境内は、まず地元の老舗茶農園「小松園」に運営を委託している売店、装具や鉄砲など次郎長の遺物を展示する資料館を抜けます。それから日本庭園、次郎長の銅像、本尊の脇にお蝶夫人の像を祀った「お蝶弁天」と続き、次郎長一家の墓前へ。ゴール地点となる売店で販売している線香をあげて、勝負事の運気上昇を祈りながら手を添えましょう。

小松園が運営する売店。拝観受付はここで

MAP P124-2

寄り道スポット

梅蔭禅寺の参拝通路内には清水次郎長の遺物資料館を併設。時計や望遠鏡、火縄銃などを展示している。そのほか売店にも次郎長ゆかりの品があるので、チェックしてみよう。

次郎長遺物館

静岡県静岡市清水区南岡町3-8
☎054-352-0256
9:00〜16:00
休なし
HP http://komatsuen.com/

御朱印

字に勢いがあると評判の御朱印。売店を通過した先に受付がある

Pick UP

次郎長が描かれた手ぬぐい。「勝運のお守」と「お金がたまる小判」を合わせた「開運最強セット」が100円お得で1,550円

清水次郎長の墓。売店が参拝通路の終点なので、線香をあげる場合はその時に購入する

DATA

梅蔭禅寺

静岡県静岡市清水区南岡町3-8
☎054-352-0995
[参拝時間]
9:00〜16:00(拝観料300円)
[御朱印料]300円
[御朱印・お守りの授与時間]
9:00〜16:00
P20台
[アクセス]
静岡鉄道・入江岡駅より徒歩15分
HP http://komatsuen.com/

人生の逆転をかけて勝負に出たい時はコチラ。勝運のお守り550円

「お金がたまる小判」450円

三保大明神

御穂神社

【みほじんじゃ】 静岡市清水区

夫婦の神様が宿る羽衣伝説ゆかりの社

この地方では最も古い神社で、社伝によると、ご祭神である大国主命が日本国をお開きになり、お后の三穂津姫命と天の羽車に乗って新婚旅行で三保の地に降臨、ご鎮座されたといわれています。姫神は女性として妻として母としてもたおやかで美しく、のちの世阿弥による能楽「羽衣伝説」のモデルになったとも伝えられています。延命長寿・安産子育て・子授け・縁結び・家庭円満などにご利益があり、新婚旅行で訪れる人も多いパワースポットです。子宝・安産・子育ての神様として信仰される「子安神社」、子供の守り神であり、何でも叶う叶え馬として信仰される「神馬」、八つの末社などがあります。ご本殿からまっすぐ三保松原へと続く「神の道」は厳かで幻想的な雰囲気。

MAP P124-2

「子安神社」。楽なお産ができますようにと、底を抜いたひしゃくを奉納する習慣がある

寄り道スポット

2013年、富士山の構成資産として世界遺産に登録された「三保松原」。羽衣伝説で有名。富士山、松、波しぶきが織りなす風景はまるで一枚の絵画のよう。この絶景を求めて全国から多くの人が訪れる。
（写真提供:静岡県観光協会）

三保の松原

静岡県静岡市清水区三保
Ⓟあり
[アクセス]JR清水駅より三保方面行バス・三保松原入口下車、徒歩約10分

DATA

三保大明神 御穂神社

静岡県静岡市清水区三保1073
☎054-334-0828
[参拝時間]終日
[御朱印料]300円
[御朱印・お守りの授与時間]
9:00～16:00
Ⓟ15台
[アクセス]JR清水駅より三保方面行バス・三保松原入口下車、徒歩約5分
㏋なし

御朱印帳への記入をする代わりに、書いた紙を渡してくれる

Pick Up

錦の絵馬。御穂神社ならではの模様がすてき。玄関や居間に祀って。「開運　織絵馬」1,500円

才色兼備の神様・三穂津姫命のご加護がありますように、と特に女性から人気が高い「羽衣守り」1,000円

男女の縁だけでなく、さまざまな縁を結んでくれるという「縁結お守り」1,000円

天女が空を舞うように、運気もぐっと上がりそう。世界遺産へ来たお土産にいかが?「御守」1,000円

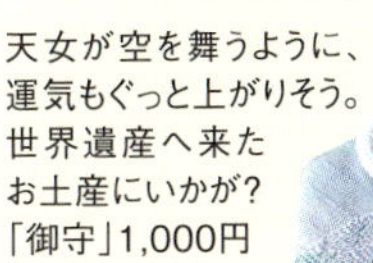

草薙神社

【くさなぎじんじゃ】 静岡市清水区

ヤマトタケル伝説が残る、古から伝わる神社

その歴史は古く、正確なことははっきりと分かっていませんが、およそ1900年の歴史があると伝えられている草薙神社。草を薙ぎ払い、向い火を放って難を逃れたという日本武尊（やまとたけるのみこと）の伝説があり、「古事記」、「日本書紀」や平安時代に編纂された「延喜式」にも登場するたいへん由緒ある神社です。

境内にある大楠は天然記念物に指定されていて、高さは6m、周囲は25m、樹齢は1000年といわれ、現在は外皮を残すだけになってしまいましたが、神木としての威厳はいまだ保たれています。江戸時代から続く龍勢煙火は、静岡県の無形文化財に指定されてからは毎年行なわれるようになり、多くの人々の目を楽しませています。

立ち姿が立派なヤマトタケル像

MAP P124-2

寄り道スポット

無添加シフォンケーキとプリンの専門店。国産小麦粉、オーガニックシュガーなど、素材にこだわったスイーツは心にも体にも優しいおいしさ。小さな子供にも安心。

Cana(サナ) 草薙店
NATURAL CHIFFON & PUDDING Kusanagi

静岡県静岡市駿河区国吉田4-20-2
☎054-208-0037
🕒10:00〜18:00
休なし　P2台
HPhttp://www.canaweb.jp

DATA

草薙神社

静岡県静岡市清水区草薙349
☎054-345-8426
[参拝時間]9:00〜16:30
[御朱印料]300円
[御朱印・お守りの授与時間]
9:00〜16:30
P20台
[アクセス]
JR草薙駅より車で10分
HPなし

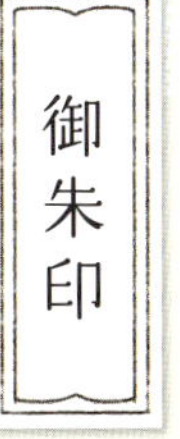

御朱印

留守の時もあるので、その際は次のご縁に期待しよう

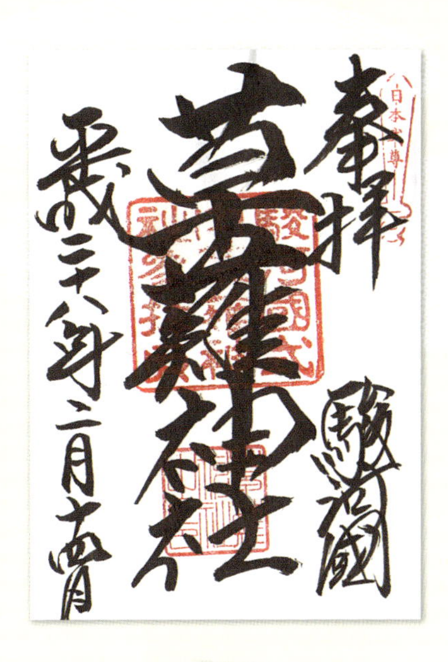

Pick Up

天然記念物の大楠。今なお枝葉は茂り、生命力が感じられる

日本武尊「神話ストラップ守」500円。財布や携帯電話に付けても

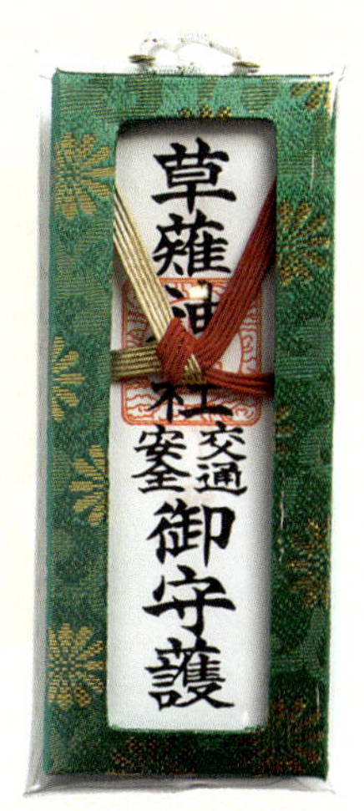

交通安全守り(大)1,000円、(小)500円。好きな色を選んで

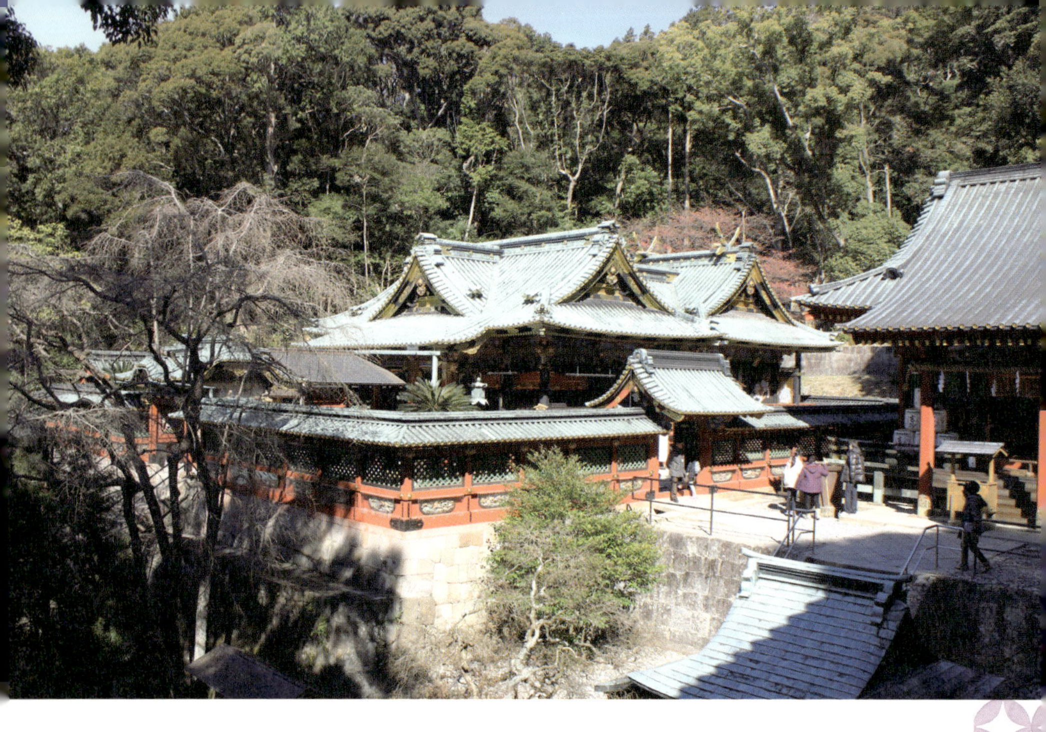

久能山東照宮

【くのうざんとうしょうぐう】静岡市駿河区

徳川家康公を祀る最初の神社

創建1616年。戦国の三英傑、徳川家康公、豊臣秀吉公、織田信長公を一緒に祀る神社として全国唯一とされている「久能山東照宮」。当時最高の建築技術・芸術が結集した権現造の社殿は、日光東照宮をはじめとする全国の東照宮建築の原型となったことでも知られています。平成22年には国宝に指定。金箔や彩色が施され、豪華絢爛な社殿はうっとりするほど美しく、最近では海外からも多くの方が訪れます。ロープウエイでのアクセスもいいけれど、おすすめは海岸沿いの石鳥居からの1159段の表参道石段。909段上がったところには「一ノ門」があり、ここから眺める景色はまさに絶景。駿河湾をはるか遠くまで見渡すことができ、足の疲れも吹き飛びます。

石段からの眺め。なお1159段は「いちいちご苦労さん」と読むこともでき、親しまれている

MAP P124-2

寄り道スポット

富士山と三保の松原を臨む、「風景美術館」とも呼ばれるラグジュアリーなホテル。ワンランク上の料理と専属パティシエのスイーツがいただけるランチブッフェが特に人気。

日本平ホテル

静岡県静岡市清水区馬走1500-2
☎054-335-1131
休なし　Pあり
HPhttp://www.ndhl.jp

DATA

久能山東照宮

静岡県静岡市駿河区根古屋390
☎054-237-2438
［参拝時間］4～9月9:00～17:00
10～3月9:00～16:00
［御朱印料］300円
［御朱印・お守りの授与時間］
9:00～17:00
Pなし
［アクセス］
JR静岡駅よりしずてつバス日本平線
日本平下車、ロープウエイで5分
HPhttp://www.toshogu.or.jp/

多くの人が訪れるため、御朱印は時間に余裕をもっていただきに行こう

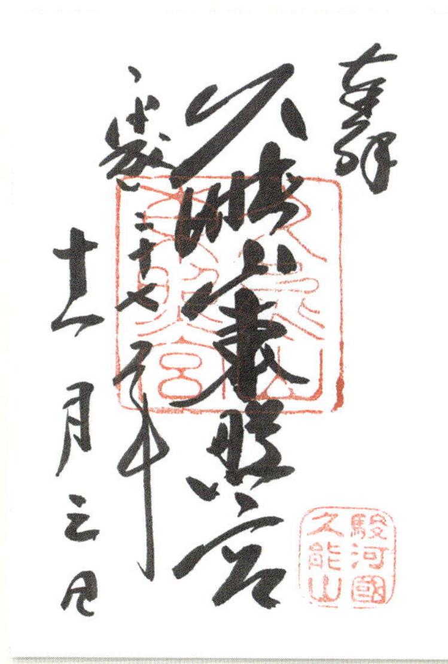

Pick Up

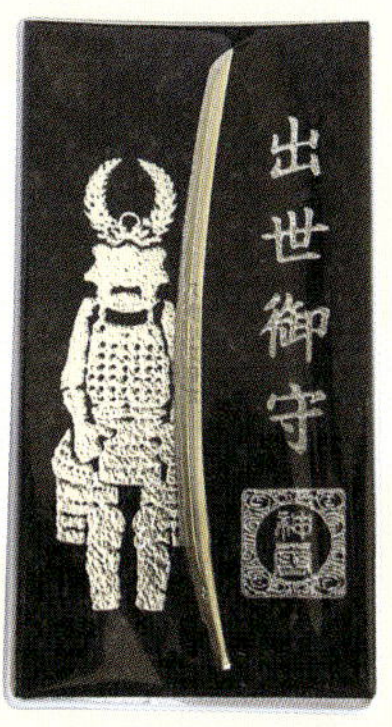

クールでかっこいい「出世守」700円。家康公のように出世を目指してみては?

「印籠守」700円。思わず例のポーズを取ってしまいたくなるかも

周年記念限定「御鎮座400年記念守」1,000円（桐箱入り）は一番人気

家康公の長寿にあやかれる「健康長寿守」700円も人気

静岡縣護國神社

【しずおかけんごこくじんじゃ】 静岡市葵区

恒久の平和を願う静岡県民の総氏神様

日本の平和と家族を護るために戦争で亡くなられた、静岡県出身の約7万6千柱の御英霊を神様として祀っている神社。街中にありながら、全く喧騒を感じない厳かな雰囲気はまるで別世界のよう。背後には自然豊かな谷津山を擁し、約99000平方メートル（東京ドーム2つ分）という広大な境内には神池や照葉樹林があり、四季を通して人々の散策と憩いの場にもなっています。桜の名所としても有名で、河津桜、八重桜、ソメイヨシノ、薄黄緑色からピンク色へと変化する鬱金桜など、タイミングによってそれぞれの桜の開花が楽しめ、特に3～4月中旬が見頃です。ほか、紫陽花や菊の花も楽しめます。平和の願いと感謝の気持ちでいっぱいになる場所です。

MAP P124-2

一枚岩をくり抜いたものでは日本一の大きさといわれる手水舎

寄り道スポット

地元人が愛する隠れた名店。作り置きはせず、その日にご主人が作ったケーキは新鮮な香りと質感が特徴。12、3種類の馴染み深い定番ケーキが並ぶ。冬から春は県内のいちごを、夏場でも長野など国産いちごを使うなど、その時期に一番いい旬の素材を使う。いちごのショートケーキ530円がおすすめ。

ichigoya

静岡県静岡市葵区沓谷6-10-10
☎054-262-4247
営10:00～17:00
（売り切れ次第終了）
休不定休　P3台

DATA

静岡縣護國神社

静岡県静岡市葵区柚木366
☎054-261-0435
[参拝時間]4～9月5:00～18:00
10～3月6:00～17:00
[御朱印料]300円
[御朱印・お守りの授与時間]
8:00～17:00
P200台
[アクセス]
静岡鉄道・柚木駅より徒歩5分
HP http://shizuokagokoku.jp

御朱印は社務所で、直接御朱印帳に書いていただける

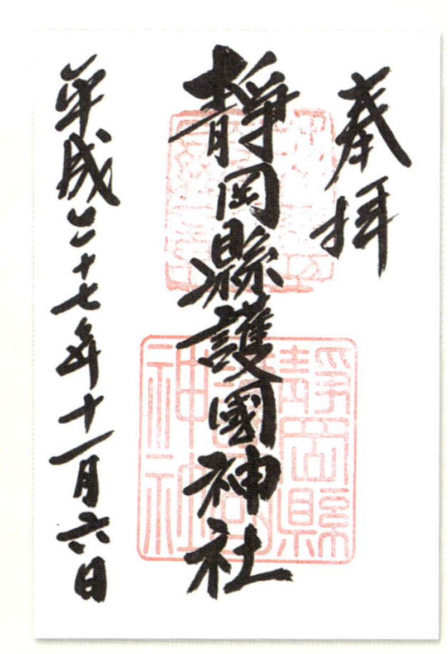

Pick Up

「合格必勝御守」500円。志望校受験や資格取得試験などに

カード型で携帯しやすい「仕事守」500円

ピンク色でかわいい「安産守」500円。友達にプレゼントしても

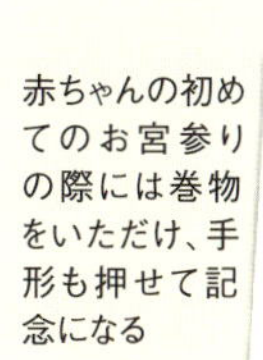

赤ちゃんの初めてのお宮参りの際には巻物をいただけ、手形も押せて記念になる

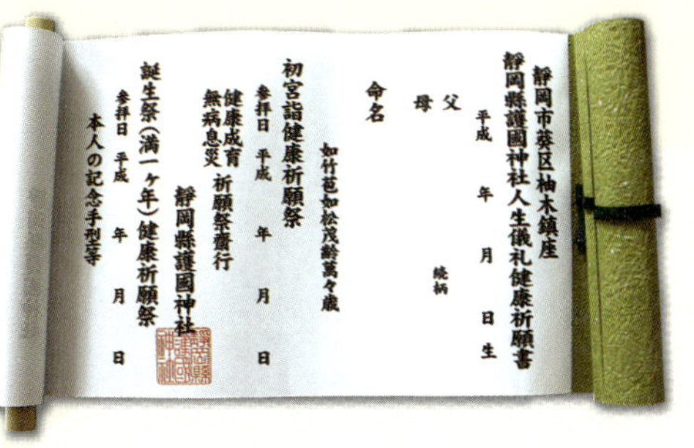

駿河国総社

静岡浅間神社

【しずおかせんげんじんじゃ】

静岡市葵区

歴代幕府の崇敬を受ける駿河国総社

神部神社（かんべじんじゃ）・浅間神社（あさまじんじゃ）・大歳御祖神社（おおとしみおやじんじゃ）の三社を総称した静岡浅間神社。地元の人々からは、「おせんげんさま」と呼ばれ広く信仰されている神社です。鎌倉時代以降、歴代幕府の崇敬を受け、特に徳川家康公の厚い尊崇を受けました。

境内は45000㎡。社殿群はいずれも漆塗りの極彩色で、楼閣造りの大拝殿は高さが25mもあり、2階建というとても珍しい構造となっています。社殿26棟が国の重要文化財に指定されていて、その厳かで優美な雰囲気はまさしく「東海の日光」と呼ばれるほど。境内の七つの神社を全てお参りすると、万願叶うと言われています。

願いが叶う「叶え馬」。もともとは2頭いたが、火災で1頭は三保神社に逃げてそのまま残り、もう1頭は戻ってきたといわれる

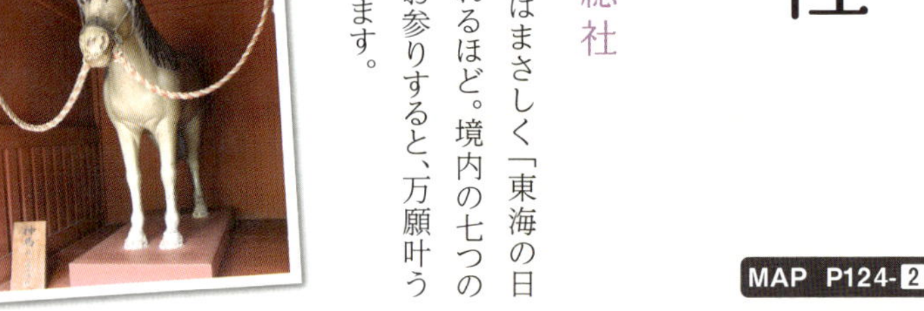

MAP P124-2

寄り道スポット

浅間通り商店街で60年以上の歴史を持つ、駄菓子屋系「静岡おでん」の有名店。真っ黒なスープが特徴。ダシ粉をかけて召し上がれ! 黒はんぺんは必食。

静岡おでん おがわ

静岡県静岡市葵区馬場町38
℡054-252-2548
営10:00～18:30
休水曜　P なし

DATA

駿河国総社
静岡浅間神社

静岡県静岡市葵区宮ケ崎町102-1
℡054-245-1820(代)
[参拝時間]6:00～18:00
[御朱印料]300円
[御朱印・お守りの授与時間]
9:00～17:00
P 60台
[アクセス]
JR静岡駅よりしずてつバス
赤鳥居浅間神社前下車、徒歩3分
HP http://www.shizuoka
sengen.net/

御朱印

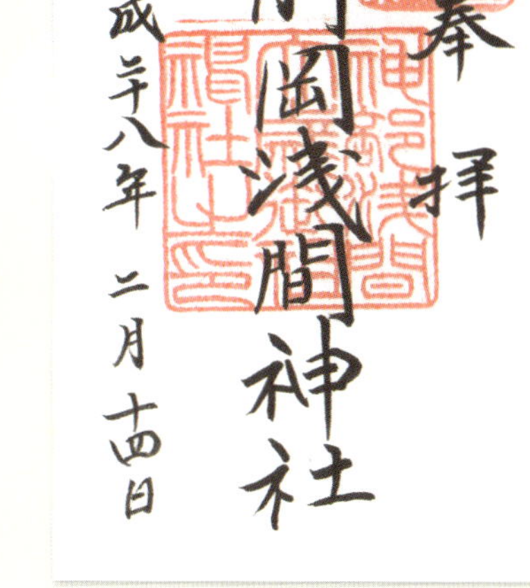

御朱印は社務所にて、その場で書いてくれる。多くの人が訪れるため、少し待つことも

Pick Up

「神猿まもり」「申年縁年守」各800円

「招福御守」800円。カード型になっているのでお財布に入れても

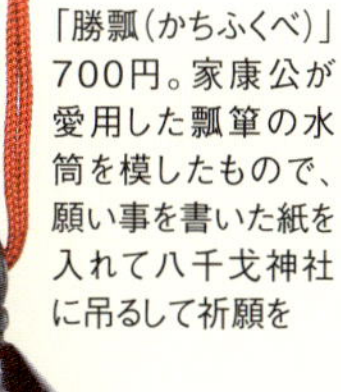

「勝瓢(かちふくべ)」700円。家康公が愛用した瓢箪の水筒を模したもので、願い事を書いた紙を入れて八千戈神社に吊るして祈願を

大拝殿と富士山の絵が美しい御朱印帳1,000円

焼津神社

【やいづじんじゃ】 焼津市

地名の由来にもなった日本武尊を祭る

焼津神社のご祭神である日本武尊(やまとたけるのみこと)と、同社が建つ焼津の地には深い関わりがあります。

その昔、父・景行天皇(けいこうてんのう)の命令で東征にあたっていた日本武尊は、この地で敵に騙され、四方から火をつけられてしまいます。しかし、剣で周囲の草むらをなぎ払い、火打ち石で火を放ったところ、炎は敵に向かって燃え広がり、妃・弟橘媛(おとたちばなひめ)とともに脱出に成功。やがてこの地はヤキツと呼ばれるようになり、これが「焼津」という地名の由来だといわれています。

そんな日本武尊の勇気と知恵、優しさを称えてお祭りしたのが焼津神社の始まりです。創建は1600年を超え、昔も今も人々から厚く信仰されています。特に、武家や漁業関係者の崇敬は深く、本殿は徳川家康によって造営されました。

毎年8月12、13日に開催される大祭は「東海一の荒祭」として有名
(写真提供:静岡県観光協会)

MAP P125-3

寄り道スポット

焼津に店を構え60余年。製造直売にこだわり、おいしいお茶をできるだけ安く販売できるよう努力している。登呂田店は、お茶はもちろん海苔やお菓子なども販売。夏季は特製「濃い抹茶かき氷」が人気。

お茶の丸玉園 登呂田店

静岡県焼津市東小川5-9-17
☎054-621-5501
🕘9:30～18:00
休なし　P10台
HP http://www.marutamaen-shop.com

DATA

焼津神社

静岡県焼津市焼津2-7-2
☎054-628-2444
[参拝時間]終日
[御朱印料]300円
[御朱印・お守りの授与時間]
8:30～17:00
P22台
[アクセス]
JR焼津駅より徒歩13分
東名・焼津ICより車で10分
HP http://yaizujinja.or.jp

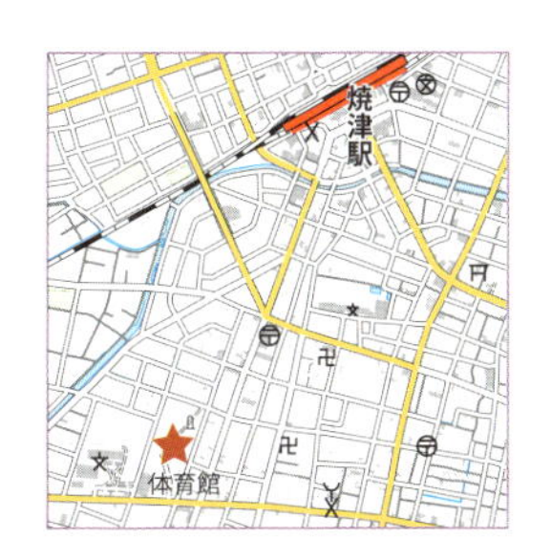

御朱印

焼津神社は409年の創建。中央の印には、平安時代に成立した『延喜式神名帳』に記された神社であることを示す「延喜式内」の文字が

Pick Up

夏の大祭に使われる獅子頭の姿を織り込んだ「合格守」700円

黒、金、朱の色使いがかっこいい「巴御守」1,000円。男性に人気だそう

ご祭神の日本武尊のように困難に打ち克ちたい人に。「克守」800円

日本武尊と妃・弟橘姫にちなんだ「縁結守」800円。大切な人と1つずつ持ちたい

飽波神社

【あくなみじんじゃ】 藤枝市

例大祭の地踊りは規模も質も日本一

古墳時代の318年、飽波郷（旧藤枝一円）の鎮護の神として祀られたのが始まりと伝えられています。平安時代の10世紀に成立した「延喜式神名帳」にもその名が見られる、志太平野最古の社です。

ご祭神は大国主命とともに日本の国を開拓した少彦名命（くすなひこなのみこと）で、知恵と幸福の神様として地元の人たちに親しまれています。また、かつて境内に病気治癒に効く清水が湧き出たことから、川関大明神と称えられるようになりました。

3年に一度、10月の第1金・土・日曜にかけて行われる例大祭「藤枝大祭」は必見！ 長唄、三味線、囃子方の演奏に合わせて披露される地踊り（手踊り）は、規模、質ともに日本一だとか。屋台の曳き廻しも実に見応えがあります。

「藤枝大祭」の屋台の曳き廻しの様子。次の開催は2016年。お見逃しなく!

MAP P125-3

寄り道スポット

「花と水と鳥」がテーマの総合公園。春には池の周囲約1.5kmの園路が桜や藤で彩られる。ジャンボ滑り台、子供広場、日本庭園、野外音楽堂などもあるので一日のんびり過ごそう。

蓮華寺池公園

静岡県藤枝市若王子474-1
☎054-643-3487
（藤枝市役所 花と緑の課）
🕐6:30〜21:00
休なし　P約320台
HP http://www.city.fujieda.shizuoka.jp/

DATA

飽波神社

静岡県藤枝市藤枝5-15-36
☎054-643-2915
[参拝時間]終日
[御朱印料]300円
[御朱印・お守りの授与時間]
7:30〜16:30
P40台
[アクセス]
新東名・藤枝岡部ICより車で15分
HPなし

御朱印

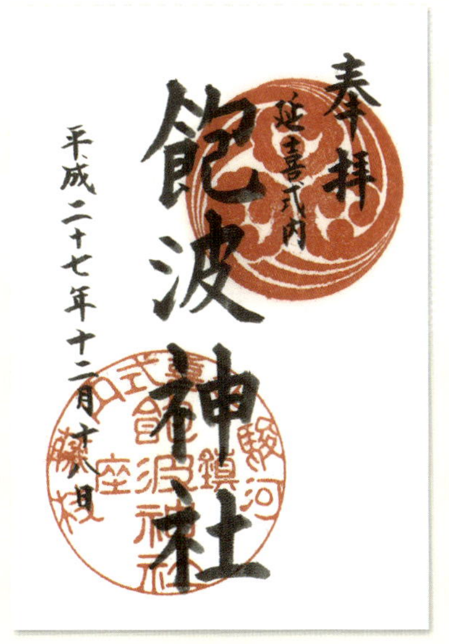

延喜式神名帳に記載された神社であることを示す「延喜式内」の文字が。主祭神のほかに瀬織津姫命、蛭子命、天忍穂耳命の三柱を祀る

Pick Up

配色が美しい「合格御守」500円。資格・昇進試験の合格祈願にも◎

「サーカー御守」500円。サッカーの町・藤枝に鎮座する同社ならでは

夢叶守、恋守、美し守、幸守、勝守の5種類から好きなものを選ぼう。各500円

大井神社

【おおいじんじゃ】 島田市

女性、子供を守る三女神の社

大井川はかつて暴れ川として知られ、たびたび氾濫しては住民を苦しめました。一方で大井川は重要な水源であり、土壌を豊かにしてくれる恵みの川でもありました。そんな大井川への感謝と鎮護への祈りから創建されたのが大井神社です。ご祭神の彌都波能売神、波邇夜須比売神、天照大神は三柱ともに女神であることから、昔から安産の神、女性や子供の守り神として信仰されてきました。

　日本三奇祭と名高い「帯祭り」は、同社の神様が旧社地（御旅所）に里帰りするお祭り。2本の刀に豪華な帯をかけた大奴をはじめ、神輿や鹿島踊りの踊り手たちが島田の町を進む光景を見られるのは三年に一度だけ。次は2016年10月に催行予定なのでお見逃しなく。

帯祭りの大名行列の主役、大奴。衣裳は何と15kgもあるそう!

MAP P125-3

寄り道スポット

享保年間創業の老舗和菓子店。大井神社の帯祭りにちなんだ黒大奴は、昆布を練り込んだ羊羹でこし餡を包んだ逸品。1箱15個入り972円。看板商品の小饅頭もぜひ味わってみて。

清水屋

静岡県島田市本通2-5-5
☎0547-37-2542
営8:30～19:00
休なし
Pなし(パーキングチケットサービスあり)
HPhttp://www.komanjyuu.jp

DATA

大井神社

静岡県島田市大井町2316
☎0547-35-2228
[参拝時間]終日
[御朱印料]300円
[御朱印・お守りの授与時間]
8:30～16:30
P25台
[アクセス]
JR島田駅より徒歩5分
HPhttp://www.ooijinjya.org/

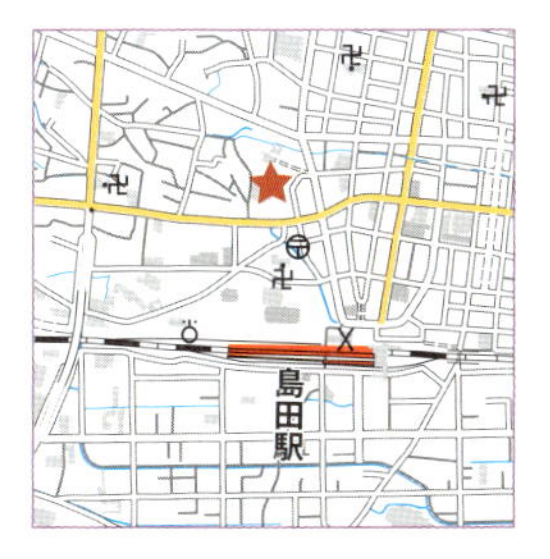

御朱印

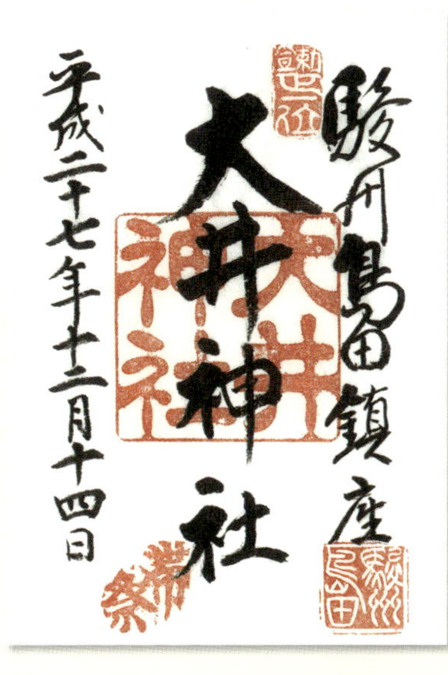

大井神社は平安時代の書物に記録が残る古社。旅行や交通安全のご利益もあるといわれている

Pick Up

裏には大井川の流れが描かれている。安産守り(桐箱入り)1,000円

帯祭りにちなんだ、刀に帯を掛けた図案が素敵。御朱印帳1,200円

女性専用の御守は大井神社ならでは。「女性身体守り・女人守り」500円

同社の神様の化身である白蛇をかたどったお守。「白蛇守り」600円

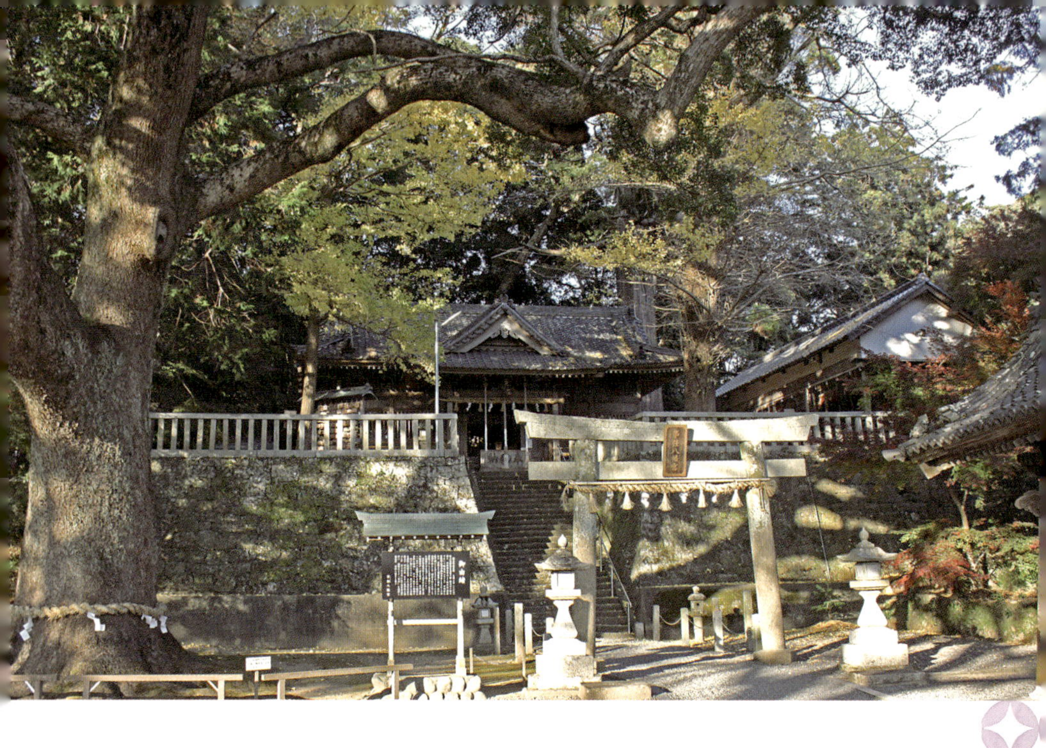

事任八幡宮

【ことのままはちまんぐう】 掛川市

清少納言も知っていた「ことのままの神」

古くは「己等乃麻智神社(ことのまちじんじゃ)」「任事神社(ことのまじんじゃ)」と呼ばれ、平安時代の延喜式神名帳にも掲載があります。主祭神の己等乃麻智比売命(ことのまちひめのみこと)は言の葉を通じて人々を加護する神様。清少納言の「枕草子」に「ことのまま明神いとたのもし」とあり、願いごとのままに叶うありがたい社として、遠く京でも知られていたようです。

八幡宮を併称するようになったのは、康平5年(1062年)、京都の石清水八幡宮を勧請してから。八幡大神(誉田別命、息長帯比売命、玉依比売命)は、開運授福、縁結び、商売繁盛など幅広いご利益があり、江戸時代には将軍家も崇敬。徳川家康が本殿を、秀忠が中門を造営しました。本殿の扉の金具に菊の紋と葵の紋が刻まれているのはそのためです。

MAP P125-3

拝殿は1830年に建てられたもの。本殿は1608年に徳川家康によって造営

寄り道スポット

1972年静岡市内で創業、2005年に現在地に移転。築100年を超える古民家を改築した店内で、自家焙煎のコーヒーをいただける(ブレンドコーヒー450円)。自家製ケーキも人気。

アルム珈琲店

静岡県島田市菊川1182
☎0547-45-3280
🕒10:00〜19:00
休木曜(祝日の場合は営業)
P10台
HP http://www.geocities.jp/almbeans/

御朱印

事任八幡宮は、周智郡森町にある小國神社とともに遠江国一の宮として篤く崇敬されてきた

Pick Up

DATA

事任八幡宮

静岡県掛川市八坂642
☎0537-27-1690
[参拝時間]終日
[御朱印料]300円
[御朱印・お守りの授与時間]
9:00〜16:30
P50台
[アクセス]
東名・掛川ICより車で15分
HP http://www.geocities.jp/kotonomachihime/

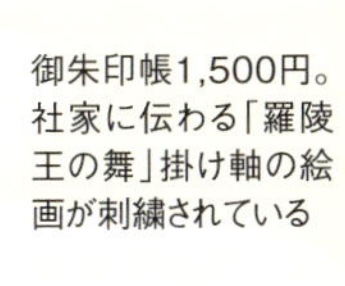

御朱印帳1,500円。社家に伝わる「羅陵王の舞」掛け軸の絵画が刺繍されている

主祭神の御紋「亀甲に亀卜」をアレンジした開運ストラップ1,000円

主祭神の姿をイメージした人形がかわいらしい。「ことのまち媛福守」600円

主祭神の己等乃麻智比売命にちなんだ「言の葉まもり」500円

叶えたい願いがある人はぜひ身につけたい。「願いかなう守」500円

駐車場のある場所から本堂までは徒歩15分ほど。参道の景色を楽しみながら歩こう

厄除観音

法多山 尊永寺

【はったさんそんえいじ】 袋井市

厄除観音で知られる遠州の名刹

広大な境内を彩る四季折々の風景、厄払いのご利益で親しまれている名刹。同じ袋井市の可睡斎、油山寺とともに遠州三山と称されています。住職が思う、寺本来の姿は「ふれあいの場」。その意思は7月の「万灯祭」で行なわれるステージイベントや、秋の星空観察会「星満夜」などに象徴されます。寺が、市井の人々とともに催しを作り上げてきました。

そんな馴染み深い尊永寺ですが、高野山から別格本山に位置づけられた、由緒ある寺院でもあります。神亀2年（725年）、聖武天皇（しょうむてんのう）の勅命を受けた行基上人が、自ら刻んだ正観世音菩薩を安置したのが縁といわれています。桜や紅葉の名所でもあり、ここで一日をのんびりと過ごすのもおすすめです。

紫雲閣。秋に開催される「コトコト市」や書道展など、催しごとで使用されることが多い

MAP P125-3

寄り道スポット

手芸素材やクラフトであふれる、小さな雑貨店。店主自身が編み物や布小物の作家であることから、一風変わった材料まで取り寄せている。手芸好きにはたまらない一軒。

K-Calico

静岡県袋井市豊沢168-49
☎0538-43-5836
営10:30〜16:00
休月〜木曜　HPなし

DATA

厄除観音
法多山 尊永寺

静岡県袋井市豊沢2777
☎0538-43-3601
[参拝時間]8:30〜16:30
(だんご茶屋は8:00〜17:00)
[御朱印料]300円
[御朱印・お守りの授与時間]
8:30〜16:30
P約2,000台(有料)
[アクセス]
東名・袋井ICより車で20分
HPhttp://www.hattasan.or.jp/

観音様を表したサンスクリット語の下に「大悲殿」と書かれた御朱印

Pick Up

御朱印帳1,000円〜。徳川家ゆかりの寺でもあるため、葵の御紋が入っている

法多山名物「厄除団子」。1皿200円、おみやげ用の箱入りは600円〜

厄年の人向けの「厄歳札」1,000円「厄除御守」とセットで授与

「厄除御守」300円

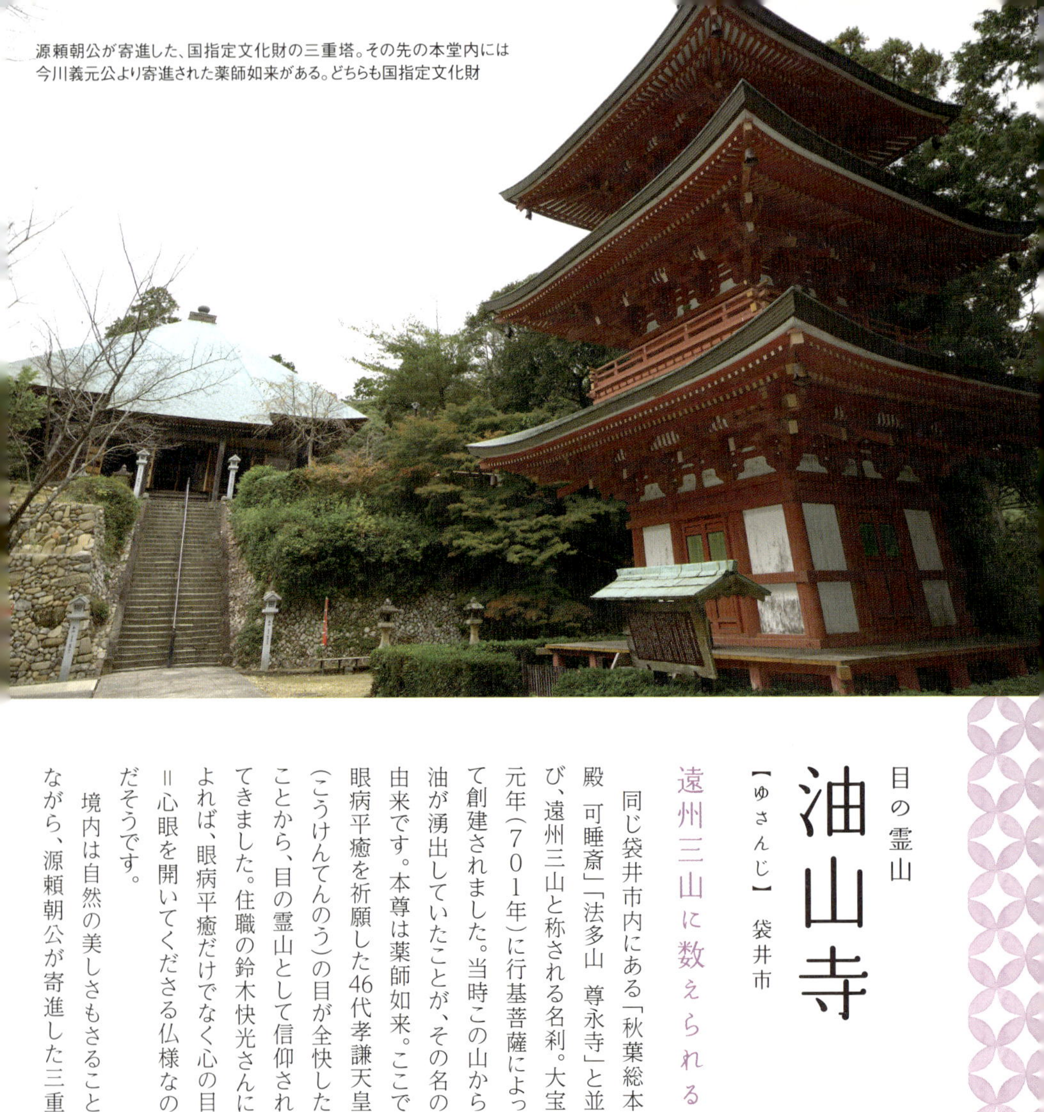
源頼朝公が寄進した、国指定文化財の三重塔。その先の本堂内には今川義元公より寄進された薬師如来がある。どちらも国指定文化財

目の霊山

油山寺

【ゆさんじ】 袋井市

遠州三山に数えられる目の霊山

同じ袋井市内にある「秋葉総本殿 可睡斎」「法多山 尊永寺」と並び、遠州三山と称される名刹。大宝元年（701年）に行基菩薩によって創建されました。当時この山から油が湧出していたことが、その名の由来です。本尊は薬師如来。ここで眼病平癒を祈願した46代孝謙天皇（こうけんてんのう）の目が全快したことから、目の霊山として信仰されてきました。住職の鈴木快光さんによれば、眼病平癒だけでなく心の目＝心眼を開いてくださる仏様なのだそうです。

境内は自然の美しさもさることながら、源頼朝公が寄進した三重塔、旧掛川城の大手門を移築した山門など、数多くある文化財も見応えあり。本坊内に展示されている、世界最長120mの大念珠も目を見張ります。

札所、書院、祈祷所などがある敷地内。ここから三重塔、本堂までは徒歩10分ほど

MAP P125-3

寄り道スポット

ランチは1日15食限定。早めに行かないと売り切れてしまうこともあるので予約がおすすめ。写真は「オカンの日替わりランチ」900円。季節によってトウモロコシご飯になったり、トマトご飯になったりといろいろ。

オカン食堂

静岡県袋井市上山梨4-3-7
月見の里学遊館内
☎090-8957-1062
営11:30～17:00(LO16:30)
休木・金曜
P240台(月見の里に準ずる)
HP http://okan449dou.exblog.jp

DATA

目の霊山
油山寺

静岡県袋井市村松1
☎0538-42-3633
[参拝時間]終日
[御朱印料]300円
[御朱印・お守りの授与時間]
6:00～17:00
P100台
[アクセス]
東名・袋井ICより車で15分
HP http://www2.wbs.ne.jp/~yusanji/

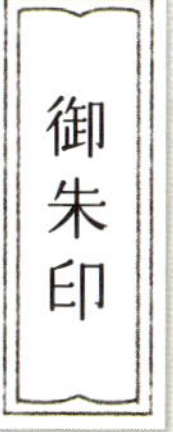

袋井では「遠州三山自分巡礼の旅」と称した催しを開催中。遠州三山の御朱印全てを集めた人には「遠州三山ご利益茶」を進呈している

Pick Up

思わず微笑んでしまう厄除のお守り。「厄除雷神」1,000円

「めのお守り」と「足腰のお守り」各700円

「めの絵馬」と「足の絵馬」各500円

2016年の聖徳太子作「子安延命地蔵尊」御開帳は、6月第一週目の金曜を予定。詳細は問い合わせを

実谷山

極楽寺

【ごくらくじ】 周智郡森町

静かな町に佇む「あじさい寺」

清水次郎長の子分である「森の石松」の故郷、森町。遠江国一宮の小國神社が座し、石松が眠る大洞院など30を超える寺院が佇む、穏やかな雰囲気の町です。

遠州三十三観音の満願札所である極楽寺は、あじさい寺として知られています。建立はおよそ1300年前で、当時から周囲の山にたくさんのあじさいが自生していました。約50年前にそれを境内へも移し、現在その数一万三千株にもなります。

遠州七福神寿老尊の霊場、遠江十二支霊場阿弥陀如来霊場として霊場めぐりもでき、御朱印は遠州三十三観音と合わせて3種類。2016年は、聖徳太子が手掛けたとされる地蔵尊が12年に一度の御開扉を迎える年です。ぜひ眼福を味わいましょう。

御堂には二俣城から移設した
絵馬天井がある

MAP P125-3

寄り道スポット

生クリーム大福が人気の和洋菓子店。多い時で1日1200個を手作りする生クリーム大福は、冷やして味わうのがベスト。ひんやり、しっとりとした食感と甘さがたまらない。

菓匠 あさおか

静岡県周智郡森町草ケ谷389-1
☎0538-85-2440
営8:00〜19:00
（水曜10:00〜17:00）
休なし　Pあり
HP http://kasho-asaoka.jimdo.com

DATA

実谷山
極楽寺

静岡県周智郡森町一宮5709
☎0538-89-7407
［参拝時間］9:00〜17:00
［御朱印料］300円
［御朱印・お守りの授与時間］
9:00〜17:00
P約80台
［アクセス］
天竜浜名湖鉄道・遠江一宮駅より徒歩20分
HP http://www.ajisaidera.com/

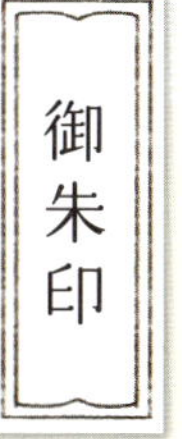

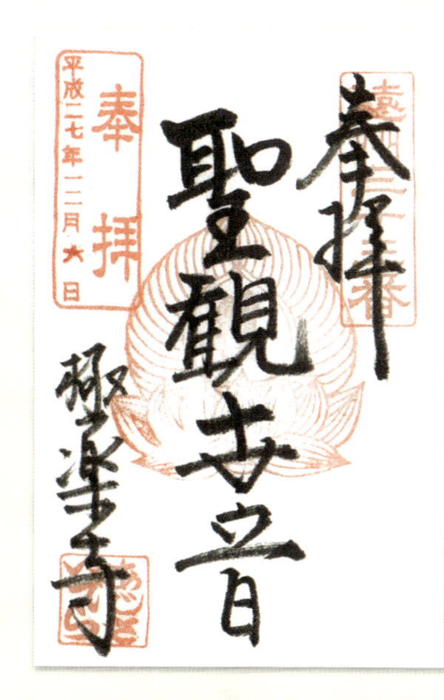

こちらは遠州三十三観音札所めぐりで訪れた人向けのもの。ほか2種類ある

Pick Up

「あじさい祭り」開催期間に掛かる入山料を納めると、その年の干支、もしくはあじさいを描いた絵馬がもらえる

それぞれ般若心経、百寿が刻まれた「湯呑み守り」各1,000円。湯を注ぐと絵が浮きあがる仕組みで、般若心経のものには阿弥陀如来とあじさいが描かれている

「あじさい鈴お守り」
500円

あじさいが描かれた御朱印帳が2色。
各1,200円

遠江國一宮

小國神社

【おくにじんじゃ】 周智郡森町

千有余年の歴史を持つ遠江國一宮

ご祭神の大己貴命は、大国主命（だいこくさま）とも呼ばれ、「因幡の白うさぎ」の神話でお馴染みの心優しい神様です。諸事業の繁栄、縁結び、夫婦和合、厄除けなど、さまざまなご神徳があるといわれています。

社記によると、小國神社の創始は神代。555年に本宮山にご神霊が現れ、その後、山麓から約6㎞離れた現在地に社殿を造営したのが始まりです。以来、正一位の神階を授けられたのに始まり、延喜式内社に列せられる、徳川将軍家から社殿の改造・修復料を寄進されるなど、地元の人はもとより時の権力者からも篤く崇敬されてきました。約33万坪（東京ドーム21個分！）のご神域は、四季折々、梅や桜、花菖蒲、紅葉で彩られ、昔も今も参拝者の目を楽しませています。

境内を流れる宮川のほとりは紅葉の名所
（紅葉時期:11月下旬～12月上旬）

MAP P125-3

寄り道スポット

小國神社のご神木の杉の落葉や宮川沿いの鬼板(石)などから釉薬を作り、作陶から焼き上げまでをご神域で行う「みもろ焼き」を購入できる。優しい風合いの器は贈り物にも最適。

遠州みもろ焼 別所窯

小國神社境内
☎0538-89-6031
営9:30〜17:00
休不定休
P小國神社の駐車場を利用可
HPなし

DATA

遠江國一宮 小國神社

静岡県周智郡森町一宮3956-1
☎0538-89-7302
[参拝時間]終日
[御朱印料]300円
[御朱印・お守りの授与時間]
9:00〜16:00
P900台
[アクセス]
新東名・遠州森町スマートICより車で7分
新東名・森掛川ICより車で15分
HPhttp://www.okunijinja.or.jp

御朱印

印には、国司(地方の長官)が赴任したら真っ先に参拝する神社だったことを示す「遠江國一宮」の文字が

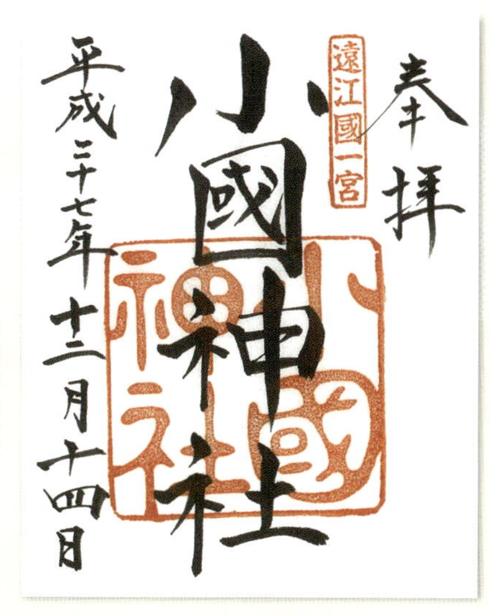

Pick Up

ご神域の神杉からつくられた御神札まつり箱「神杉の木霊」5,000円

ご祭神の大己貴命にちなんだ小槌の縁起物「木小槌(小)」800円

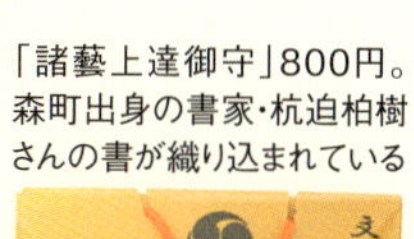

「諸藝上達御守」800円。森町出身の書家・杭迫柏樹さんの書が織り込まれている

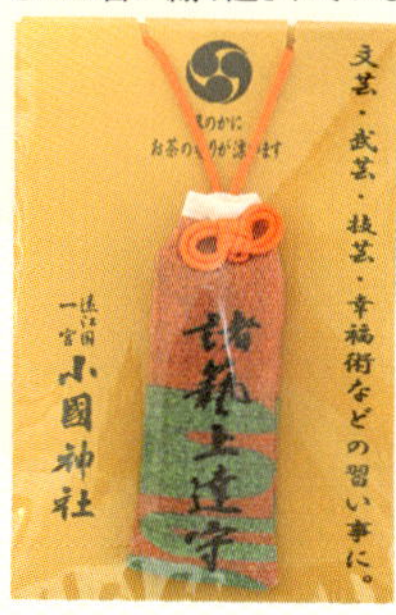

境内に林立するもみじの葉の形を水引で結んだ「もみじ守」800円

秋葉山本宮秋葉神社

【あきはさんほんぐうあきはじんじゃ】浜松市天竜区

MAP P125-2

全国の秋葉神社の総本宮

神体山として古くから崇められてきた秋葉山にあります。ご祭神の火之迦具土大神は、火災消除、家内安全、厄除開運、商売繁盛などのご神徳があるといわれ、今も全国各地で信仰されています。さらに同社は、全国の秋葉神社の総本宮であることから、遠方からの参拝者も珍しくありません。

毎年12月15日、16日に行われる「秋葉の火まつり」も有名です。特に、16日の夜半の防火祭で披露される弓・剣・火の三舞の神事は古式豊かで荘厳。拝観すれば、幸せな新年を迎えられることうけあいです。

なお、同社は山頂にある上社と山麓にある下社からなります。それぞれ御朱印が違うので、両社とも参拝することをおすすめします。

12月16日の夜半(22時頃)に披露される秘伝の火の舞

寄り道スポット

上社の境内にある食事処。地元産の肉厚シイタケを味わえる「大しいたけそば」756円や、春野町産の天狗山椒を練り込んだ「もみじ田楽」2本324円がおすすめ。

秋葉茶屋

静岡県浜松市天竜区春野町領家841
☎053-985-0233
営10:30～16:00
（季節によって変動あり）
休不定休
P秋葉神社の駐車場を利用
HPなし

DATA

秋葉山本宮秋葉神社

静岡県浜松市天竜区春野町領家841
☎053-985-0111（上社）
053-985-0005（下社）
［参拝時間］9:00～16:00
［御朱印料］300円
［御朱印・お守りの授与時間］
9:00～16:00
P200台（上社）、100台（下社）
［アクセス］
新東名・浜松浜北ICより車で30分
※下社から上社へは車で40分
徒歩で約1時間30分
HPhttp://www.akihasanhongu.jp/

御朱印

・上社
上社の御朱印。中央と左隅の印の「正一位」は神社に与えられる神位の最高位

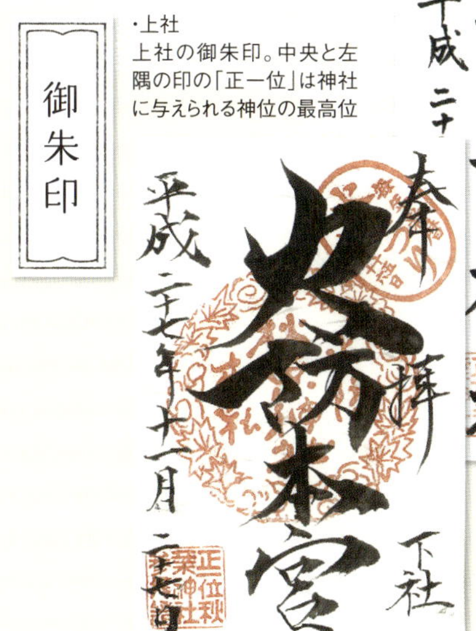

・下社
下社の御朱印には火防の文字が。紅葉が円になった印がかわいらしい

Pick Up

紅葉と流水を描いた「肌身守」800円。秋葉山は紅葉の名所でもある

キッチンなど火を扱う場所にお祀りしよう。「火防御守」800円

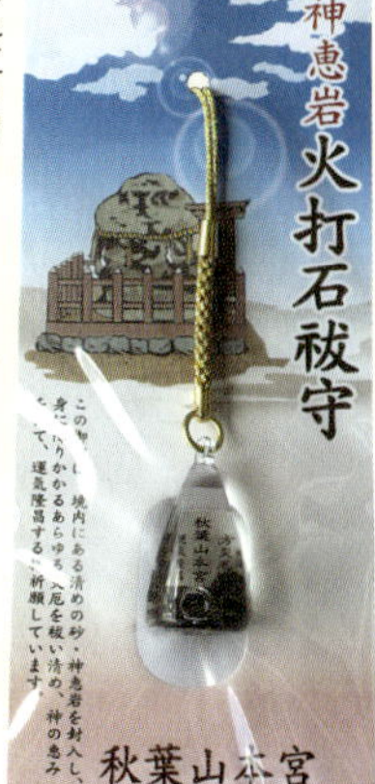

境内にある清めの砂・神恵岩を封入した「火打石祓守」800円

秋葉山の天狗伝説にちなんだ「木ころ天狗」1,000円。表情は4種類

山住神社

【やまずみじんじゃ】 浜松市天竜区

家康を助けたお犬様を信仰

標高1107mの山住峠に鎮座する山住神社は、和銅2年（709年）、愛媛県は大三島の大山祇神社をお遷ししたのが始まり。お犬様信仰で有名な同社は徳川家康とのゆかりも大変深く、次のような言い伝えがあります。

元亀3年（1572年）、三方原の戦いに敗れた家康は同社に逃げ込みます。ほどなくして敵がやって来ると、突然、山全体に山犬の吠え声が響き渡り、それを聞いた敵は驚いて退散してしまったということです。

後年、家康は同社で戦勝を祈願し、刀剣を奉納。ここから「戦の神」として信仰を集め、長野県や愛知県にも信者がいるそう。このほか、邪気退散、家内安全、五穀豊穣などのご利益があるといわれています。

境内を守っているのは、狛犬ではなくお犬様。立派な牙が特徴

MAP P125-2

寄り道スポット

1926年創業の和洋菓子店。名物の生栃もち(1個150円)は、生クリーム入りの小豆餡と、地元産の栃の実を練り込んだお餅の相性が抜群。栃ガレット(1個180円)もおすすめ。

小松屋製菓

静岡県浜松市天竜区
水窪町奥領家3263-4
☎053-987-0203
営8:30〜18:30
休木曜　Ⓟなし
HP http://5028seika.com

DATA

山住神社

静岡県浜松市天竜区
水窪町山住230
☎053-987-1179
[参拝時間]終日
[御朱印料]300円
[御朱印・お守りの授与時間]
8:00〜16:00
Ⓟ10台
[アクセス]
新東名・浜松浜北ICより車で約90分
HPなし

御朱印

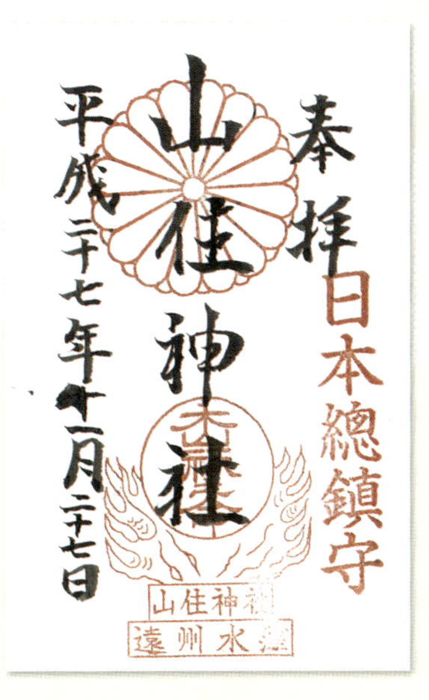

印にはご祭神の大山祇命の文字が。春の大祭(4/17)、秋の大祭(11/17)には多数の参拝者で賑わう

Pick Up

行き帰りともに山道が続くのでぜひ買い求めて。交通安全守700円

ご祭神の大山祇命は山の神。安産・子授けのご利益もある。安産守500円

お犬様の姿をかたどった木彫りの御守500円

山門をくぐり正面に本堂、その左側奥に御真殿が位置する。右手に受付、瑞龍閣、東司（お手洗い）がある

秋葉総本殿

可睡斎

【かすいさい】 袋井市

秋葉三尺坊大権現の御真躰が鎮座

秋葉三尺坊大権現の御真躰が鎮座する、火防総本山。室町時代の創建。浜松城主となった家康公が、目の前で居眠りを始めた第11代住職仙麟等膳（せんりんとうぜん）に対して「睡る可し（ねむるべし）」と言ったのが、可睡斎の由来です。仙麟等膳和尚は今川家の人質だった幼き家康公の世話係で、家康公を三河へ逃がした経緯がありました。報恩の席で居眠りをする和尚の姿に親愛の情を悟り、御前で眠っても無礼ではない、との意から発した言葉とされています。

随一の見どころは、山口玲煕が描いた美しい襖絵のある瑞龍閣と、日本一の大きさを誇る「烏芻沙摩明王（うすさまみょうおう）」を祀るお手洗い。写経や座禅などの僧侶体験、精進料理も人気です。

「この世の不浄を焼き尽くす」功徳をもつトイレの神様、烏芻沙摩明王像。この東司は国登録有形文化財

MAP P125-3

寄り道スポット

可睡斎では、旬の野菜や果物、大豆などの素材の持ち味を活かし、手間暇をかけて調理された精進料理を味わえる。「竹膳」「松膳」など全4種、2,000円～。要予約。

可睡斎 精進料理

静岡県袋井市久能2915-1
☎0538-42-2121
✉1週間前までに要予約
休なし　Pあり
HP http://www.kasuisai.or.jp/

DATA

秋葉総本殿
可睡斎

静岡県袋井市久能2915-1
☎0538-42-2121
[参拝時間]8:00～17:00
[御朱印料]300円
[御朱印・お守りの授与時間]
8:00～17:00(売店は16:00まで)
P100台
[アクセス]
東名・袋井ICより車で5分
HP http://www.kasuisai.or.jp/

御朱印

「三尺坊」の御朱印。このほか遠州三十三観音札所めぐりの参拝者向けには「聖観世音」がある

Pick Up

「カラス天狗顔鈴守り」
800円

秋葉三尺坊大権現はさまざまな願いを叶えてくれる神様なので、お守りもいろいろ。こちらは「交通安全守」1,000円

御朱印帳は赤と紺の2色。
各1,000円

身代わり守護のペンダント型守り700円。開くと秋葉大権現の姿が

見付天神

矢奈比賣神社

【やなひめじんじゃ】磐田市

天下の奇祭で有名な見付のお天神様

地元の人たちから「見付天神」または「見付のお天神様」の名で親しまれている古社。創立年月は不明ですが、平安時代にはすでに崇敬を集めていたことが分かっています。主祭神は矢奈比賣命（やなひめのみこと）。古くからこの地で信仰されていた女性の神様で、安産成就、子供の健康守護、縁結びに特にご利益があるそう。また、相殿に祀られる菅原道真公は受験合格や学業成就の神様として知られています。

国の重要無形民俗文化財に指定されている「見付天神裸祭」も有名です。なかでも、褌に腰蓑姿の男性たちが乱舞する「鬼踊り」は一見の価値あり！〝天下の奇祭〟をひと目見ようと、毎年多くの見学者が訪れます（鬼踊りは毎年旧暦8月10日直前の土曜日に見ることができます）。

MAP P125-3

天下の奇祭、見付天神裸祭の鬼踊り。
氏子の熱気に見学者も大興奮!
（写真提供:静岡県観光協会）

寄り道スポット

2015年に落成140周年を迎えた旧見付学校は、現存する日本最古の木造擬洋風小学校校舎。5階建ての洋館風の館内では、教育資料の展示や授業風景の再現を見ることができる。

旧見付学校

静岡県磐田市見付2452
℡0538-32-4511
⏰9:00〜16:30
休月曜、祝日の翌日
（土・日・月曜の場合は翌火曜休）、
年末年始（12/29〜1/3）
Ｐ10台　HPなし

DATA

見付天神
矢奈比賣神社

静岡県磐田市見付1114-2
℡0538-32-5298
［参拝時間］終日
［御朱印料］300円
［御朱印・お守りの授与時間］
8:30〜16:30
Ｐ200台
［アクセス］
東名・磐田ICより車で7分
HPhttp://mitsuke-tenjin.com/

「こちふかば〜」は菅原道真公の短歌。近隣の淡海國玉神社と霊犬神社の御朱印も矢奈比賣神社の社務所でいただける

Pick Up

菅原道真公とゆかりの深い鳥・鷽のおみくじ500円

磐田市イメージキャラクター「しっぺい」のお守り700円

霊犬・しっぺい太郎の姿が描かれたオリジナル御朱印帳1,000円

「御神木御守」700円。中にはご神木のかけらが入っている

旧東海道の宿場町・見付宿に佇む静かな寺院。徳川家康の命で築かれた御殿の門を移築したという表門を通る

時宗 東福山

西光寺

【さいこうじ】磐田市

徳川秀忠公ゆかりの隠れた名刹

鎌倉時代の創建で、山号は徳川2代将軍秀忠公と正室・江の娘、中宮東福門院源和子の名。1600年初期、都へ向かう折に訪れた中宮から、自身の守り本尊だった地蔵菩薩像、阿弥陀三尊立像とともにその名を賜りました。ふたつの立像は今も本堂に安置され、日限地蔵尊として、参拝者の心のよりどころとなっています。

「心落ちつく場所として、気兼ねなくいらしてほしい」とは、住職の下村恒さん。庭園を望む江戸時代から残る書院の廊下や本堂で、お弁当を広げてゆっくりしていく人もいるのだとか。人々の暮らしに根ざす、寺本来の姿がここにあります。境内でひときわ目立つクスノキとナギの木は縁結びのパワースポットの木として知られ、遠方からの訪問も後を絶ちません。

縁結びと縁切りのパワーがあるとされる巨大クスノキとナギの木。お参りの順番が本堂に書かれているので確認を

MAP P125-3

寄り道スポット

酢の醸造所だった建物を、酒屋兼アンティークショップとして再生した店。木製スピーカーの蓄音機や愛らしいデザインのカップ、時計など、さまざまな雑貨が所狭しと並ぶ。

大正倉

静岡県磐田市中泉2-6-12
☎0538-35-2611
🕘9:00～21:00
　2階BAR「Happa」21:00～翌2時頃
休なし
HPhttp://taisyougura.hamazo.tv/

住職が不在のときもあるため、どうしても御朱印がほしいならば事前確認しておこう

Pick Up

DATA

時宗 東福山
西光寺

静岡県磐田市見付3353-1
☎0538-32-4216
［参拝時間］終日
［御朱印料］300円
［御朱印・お守りの授与時間］
6:00～17:00
（住職不在の場合は受印不可）
P20台
［アクセス］
JR磐田駅より遠鉄バス・加茂川停留所下車、徒歩5分
HPhttp://www.saikouji.pw

一対で葉をつけるナギの葉。落ちていたらお守りにしよう

日限地蔵はなんでもお願いできるので、お守りの内容は決まっていない。生地の中身は代々住職が手作りしている

かわいい「恋みくじ」200円

拝殿前の狛犬は、青銅製の狛犬としては日本最大級

五社神社 諏訪神社

【ごしゃじんじゃ　すわじんじゃ】浜松市中区

MAP P125-3

二代将軍・徳川秀忠公の産土神

五社神社は、もともと曳馬城（後の浜松城）内に、諏訪神社は曳馬城下に祀られていた神社。徳川家康公が曳馬城に入城し、やがて二代将軍・秀忠公が誕生すると、ともに産土神として信仰されるようになります。その後、五社神社は家康公によって現在の地に遷座（せんざ）。さらに後年、五社神社の南隣に、家光公の寄進で諏訪神社の社殿が造営されました。両社とも、「お江戸見たくば五社諏訪ごろじ（ご覧なさい）お江戸まさり（勝り）の五社や諏訪」と謳われ、社殿は国宝に指定されるほどでした。しかし、浜松大空襲で焼失。昭和37年（1962年）、両社合祀されました。

家康公との縁が深いことから、特に、立身出世、運気上昇、子育てのご利益があるといわれています。

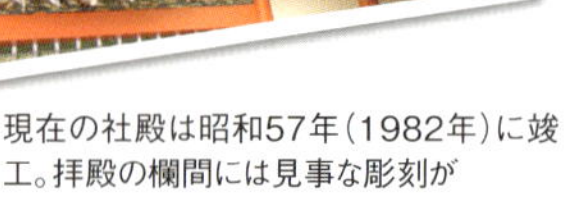
現在の社殿は昭和57年（1982年）に竣工。拝殿の欄間には見事な彫刻が

寄り道スポット

徳川家康公が17年間過ごした場所。家康公が駿府に移った後の歴代城主の中には、幕府の要職に就いた者が少なくなかった。そのため、後に「出世城」と呼ばれるようになった。

浜松城

静岡県浜松市中区元城町100-2
℡8:30～16:30
✉053-453-3872
休12/29～31
Ⓟ乗用車約260台
HP http://www.hamamatsu-navi.jp/shiro/

DATA

五社神社 諏訪神社

静岡県浜松市中区利町302-5
℡053-452-3001
[参拝時間]8:30～17:00
[御朱印料]300円
[御朱印・お守りの授与時間]
8:30～17:00
Ⓟ80台
[アクセス]
JR浜松駅より徒歩15分
HP http://www.gosyajinjya-suwajinjya.or.jp

御朱印

五社神社のご祭神は太玉命をはじめとする五柱、諏訪神社のご祭神は建御名方命をはじめとする三柱

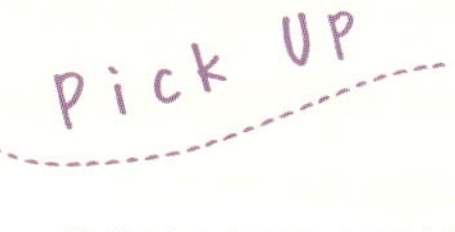

戦災を免れた切石。江戸時代の建築技術の高さが伺える

五社神社、諏訪神社それぞれの神紋が刺繍されている。御守800円

青銅製の狛犬の姿をあしらった「勝御守」800円

女性に大人気! クローバーをかたどった「しあわせ御守」800円

井伊谷宮

【いいのやぐう】浜松市北区

天皇皇后両陛下も参拝された官幣社

ご祭神は南北朝時代に活躍した宗良親王(むねながしんのう)です。宗良親王は後醍醐天皇の第四皇子(宮内庁調べ)。父帝の理想を叶えるべく、現在の静岡県、愛知県、長野県などを転戦されるなか、井伊谷の地を本拠とされました。また、親王はこの地で薨去(こうきょ)されています。そこで後年、明治天皇の勅命で、親王を祭る神社として井伊谷宮が造営されたのです。親王は和歌に秀で、優れた歌人であったことから、特に学徳成就や諸芸上達、合格の神様として信仰されています。皇室との縁も大変深く、昭和天皇、現在の天皇皇后両陛下も参拝されました。

また、境内には平成29年度大河ドラマ「おんな城主　直虎」の主人公・井伊直虎の祖先を祭った井伊社もあります。

おみくじの種類が豊富で、特に招き猫おみくじが人気だそう

MAP P125-3

寄り道スポット

古代祭祀遺跡。古墳～平安時代にかけ、巨岩群を神の依代としてさまざまな祭祀が行われたという。数十個の巨岩が点在する光景は何とも神秘的で、パワースポットとしても有名。

天白磐座遺跡

静岡県浜松市北区引佐町井伊谷
☎053-542-3151
（奥浜名湖観光協会）
営終日　休なし
P10台　HPなし

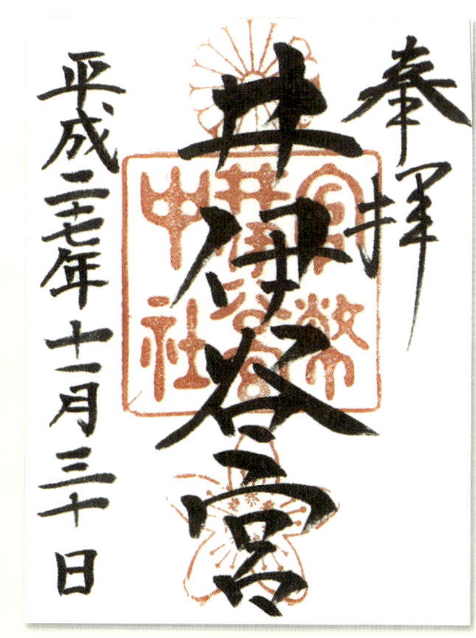

明治時代、宮内省から幣帛を奉る神社を官幣社といった。印の官幣中社の文字は井伊谷宮が官幣社だったことを示す

Pick Up

DATA

井伊谷宮

静岡県浜松市北区
引佐町井伊谷1991-1
☎053-542-0355
[参拝時間]終日
[御朱印料]300円
[御朱印・お守りの授与時間]
9:00～17:00
P70台（無料）
[アクセス]
新東名・浜松いなさICより車で10分
HP http://www.iinoyaguu.or.jp

表情がかわいらしい。青、桃色、山吹色の3種類。「健康守」600円

入学試験、就職試験、資格試験のお守りにぜひ。「合格守（五角形）」600円

井伊直虎にちなんだ「手鏡守」1,000円。丸板に願い事を書いて井伊社に奉納しよう

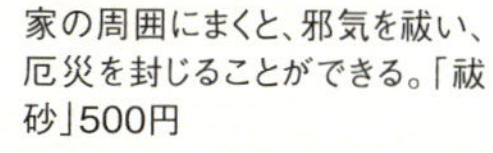

家の周囲にまくと、邪気を祓い、厄災を封じることができる。「祓砂」500円

細江神社

【ほそえじんじゃ】　浜松市北区

御神輿が浜名湖を渡る夏祭りは必見

静岡県西部の観光名所の一つ・浜名湖はもともと淡水湖でした。しかし、明応7年（1498年）に起きた明応の大地震で湖の南岸が切れて海につながり、汽水湖となります。この地震で、浜名湖の河口にあった角避比古神社（つのさくひこじんじゃ）は流没。しかし、ご神体は奇跡的に気賀の地に流れ着き、やがて細江の地で祀られるようになりました。それが、現在の細江神社です。

こうした由緒から、地震災難よけを願って遠方から訪れる人も多いとか。御神輿を船に乗せて浜名湖を巡航する「祇園祭り」も同社ならではです（7月の第3土・日曜催行）。

このほか、ご祭神の建速素戔嗚尊（たけはやすさのをのみこと）は疫病除け、厄除け、縁結びの神様としても信仰されています。

ご神木の夫婦楠。樹齢500年以上と推測されている

MAP P125-3

寄り道スポット

「みそまんといえばココ!」というファンも多い人気店。北海道産の小豆で作る餡は甘さがほどよく、ふわりと軽い皮とよく合う。元祖細江名物みそまんじゅう1個97円。

福月堂製菓

静岡県浜松市北区細江町
気賀108-1
☎053-522-0307
🕗8:00～18:00
休水曜、第2・第4火曜
Ⓟあり　HPなし

DATA

細江神社

静岡県浜松市北区細江町気賀996
☎053-522-1857
[参拝時間]終日
[御朱印料]300円
[御朱印・お守りの授与時間]
8:00～17:00
Ⓟ20台
[アクセス]
天浜線・気賀駅より徒歩5分
HPなし

御朱印

細江神社は気賀の総氏神。ご祭神の建速素戔嗚尊は牛頭天王の名前でも親しまれている

Pick Up

「地震除守(小)」300円。肌身離さず身に付けられるサイズ

七色の厄除けビーズがついた「笛のお護り」500円。実際に音を鳴らすことができる

「地震除守(大)」500円。東日本大震災以降、買い求める人が増えたとか

舘山寺本堂。本尊の虚空蔵菩薩像と鎮守の秋葉三尺坊大権現を祀っている

曹洞宗　秋葉山

舘山寺

【かんざんじ】　浜松市西区

浜名湖の絶景を見渡す縁結びの寺

周囲を浜名湖に囲まれた「舘山」の中腹にあり、舘山寺温泉の名の由来となったことで知られています。平安時代に弘法大師が開き、明治に廃寺になった後、火防で有名な秋葉山から住職を迎えたため、曹洞宗寺院として現在に至りました。本堂内に秋葉三尺坊大権現の天狗像があり、春野町の秋葉山と同様、毎年12月15日に火祭りが行われます。

ご利益は、縁結びや眼病平癒など。舘山を少し登ると、弘法大使が修行した「穴大師」があります。明治時代、目の不自由をわずらったお百姓さんがこの岩穴へお参りした後、視力が回復したという言い伝えが残っています。さらに5分ほど登れば、全長16mもの大観音。参拝しながら、湖を望む絶景と森林浴を楽しんでください。

本堂から少し登った先にある「富士見台」からの景色。ここから富士山が見えることも

MAP P125-3

寄り道スポット

舘山寺目の前にある老舗旅館で、日帰り湯の利用が可能。趣ある古代檜の内湯や、浜名湖を望む露天風呂がある。舘山寺温泉は保温効果抜群の泉質で、入浴後もずっとぽかぽか。

山水館 欣龍

静岡県浜松市西区舘山寺町2227
☎053-487-0611
11:00～14:00（整備中の場合もあるので予約が無難）
休なし
HP http://www.sansuikankinryu.com/

DATA

曹洞宗 秋葉山
舘山寺

静岡県浜松市西区舘山寺町2231
☎053-487-0107
[参拝時間]参拝自由
[御朱印料]300円
[朱印・お守りの授与時間]
9:00～18:00
P提携Pあり（最初の30分無料、1,000円以上利用で2時間無料）
[アクセス]
JR浜松駅よりバス舘山寺温泉方面行き、舘山寺温泉下車、徒歩5分
HP http://kanzanji.jp/

秋葉三尺坊大権現の名が大きく記されている

Pick Up

「心」に「鍵」のシンボルがかわいい絵馬とペアおまもり各600円

御朱印帳は1900円～。絵柄はモミジ、桜、アジサイ、椿の4種類

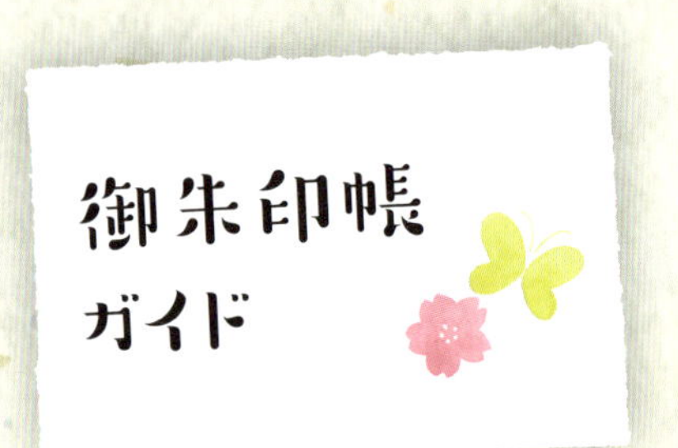

色とりどりで種類も豊富な御朱印帳。
自分らしい御朱印帳探しから
始めてみては？

御朱印帳とは？

御朱印帳とは、御朱印を集める際に使うもの。蛇腹タイプから、ノートのように背が綴じてあるものもあります。御朱印帳を販売している寺院もありますが、インターネットなどで買うこともできます。御朱印帳を持っている場合にはそこに御朱印をいただきますが、御朱印帳がない場合には和紙に書かれたものをいただくこともできます。御朱印ブームもあって、気軽にくれるところもあれば、「神社と寺院を一緒に混ぜてはいけない」という場所もありますので、集める際には決まった札所ルートで集めるか、または御朱印帳を神社と寺院で分けるといいかもしれません。

おすすめの通販サイト

御朱印帳専門店 Holly Hock

ホリーホックは完全オリジナルの御朱印帳専門店。シンプルなものからポップなものまで、職人の手で昔から続く伝統的な製法で、すべて手作業でつくられている。

http://www.goshuincho.com

kichijitsu（きちじつ）

山梨県富士吉田の掛け軸の生地を製造する織物会社・光織物と、デザイナー・井上綾によるテキスタイルプロダクトブランド。「毎日が吉日」をテーマに縁起物をより現代の生活に身近なものに展開している。

http://kichijitsu.jp

愛知エリア

社殿は一宮の威厳ただよう立派な檜造り

三河國一之宮

砥鹿神社

【とがじんじゃ】豊川市

交通安全で知られる三河国の一宮

「大国様」と呼ばれ親しまれている大己貴命（おおなむちのみこと）を祀る、三河国の一宮。大己貴命が留まったとされる本宮山山頂の「奥宮」と、その山麓にある「里宮」があります。市街から身近な場所にある里宮を訪れる人が多いですが、昨今、付近に温泉が湧出したことから、奥宮への参拝も増えているようです。

交通安全を筆頭に、さまざまなご利益を授かれる砥鹿神社ですが、昨今は安産を祈願する人も多くいます。境内には大きさ日本一を称するさざれ石があり、幸福や安産を祈って触れていく人も。さざれ石の横にある絵馬掛けには、無事出産を遂げた参拝者が掛けた「安産柄杓守」がいっぱい。美しい檜造りの社殿も見ものです。

砥鹿神社の名の由来となったという説もある豊川と、奥宮のある本宮山

MAP P126-3

寄り道スポット

豊川市のお隣、豊橋市が誇る名産「ヤマサのちくわ」の支店。焼きたて、揚げたてを楽しめる実演販売コーナーや、ヤマサのオリジナル料理を味わえる飲食コーナーがある。

ちくわの里

愛知県豊川市豊が丘町8
☎0533-85-3451
⏰9:00～18:00
（飲食コーナーは11:00～）
※季節により異なる
休なし　P50台
HP http://yamasa.chikuwa.co.jp/

DATA

三河國一之宮 砥鹿神社

愛知県豊川市一宮町西垣内2
☎0533-93-2001
［参拝時間］終日
［御朱印料］300円
［御朱印・お守りの授与時間］
8:00～17:00
P200台
［アクセス］
JR飯田線・三河一宮駅より徒歩6分
HP http://www.togajinja.or.jp/

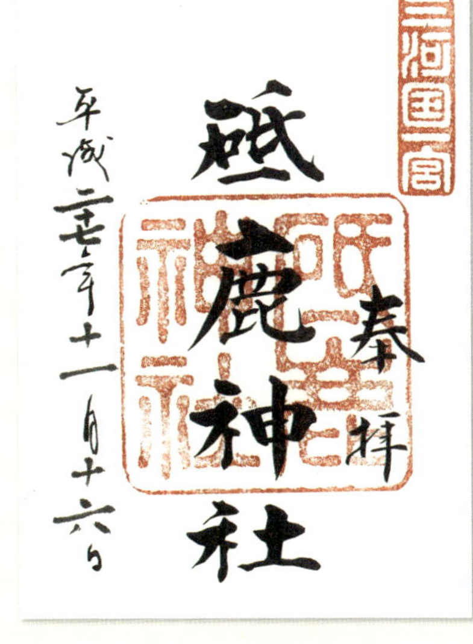

里宮の御朱印。奥宮では「本宮山」と書かれたものを拝受できる

Pick Up

御朱印帳は2色 各1000円

本宮山に鎮座する荒羽々気（あらはばき）神社のお守り。「健歩健脚守」800円

良縁祈願の絵馬500円

本宮山の神鈴で、玄関や住居の四隅に掲げて八方守護を祈る「本宮鈴」800円

拝殿などの建物だけでなく、葵の御紋が入った賽銭箱や灯籠も価値ある文化財

瀧山東照宮

【たきさんとうしょうぐう】 岡崎市

久能山・日光と並び称される社

長い階段を登りきると、まず「瀧山寺」の立派な本堂が正面に現れます。瀧山寺は保安年間（1120年頃）の創建とされ、源頼朝公や徳川家康公など、時代時代の将軍から厚い庇護を受けてきた由緒ある寺院。瀧山東照宮は正保2年（1645年）、徳川3代将軍家光公によって、瀧山寺の境内に創設されました。久能山と日光だけでなく、家康公生誕の地である岡崎にも東照宮を観請したいと考えたことからです。

一般の参拝客は立ち入れませんが、本殿の厨子に家康公の像が安置されています。その本殿だけでなく拝殿と幣殿、中門、石鳥居などが国指定の重要文化財。しばしば久能山、日光と並び三大東照宮と呼ばれる、古社の威厳を感じられます。

瀧山東照宮拝殿、奥に中門、本殿と続く。土・日曜であれば拝観料200円で中門まで立ち入りできる

MAP P126-2

寄り道スポット

なんと入園無料! 東名岡崎ICからすぐの場所にある動物園で、名古屋ドーム約5個分の広大な東公園敷地内にある。火・水・木曜なら無料でポニー乗馬体験もできる。

岡崎市東公園動物園

愛知県岡崎市欠町字大山田1
☎0564-27-0444
🕐9:00～16:30
（動物展示は～15:30）
休月曜（祝日の場合は翌平日）
Pあり　HPなし

DATA

瀧山東照宮

愛知県岡崎市滝町字山籠117
☎0564-46-2516
[参拝時間]終日
[御朱印料]300円
[御朱印・お守りの授与時間]
土・日曜の9:00～16:00
(平日の社務所受付は不可)
P100台
[アクセス]
東名・岡崎ICより車で10分
HPなし

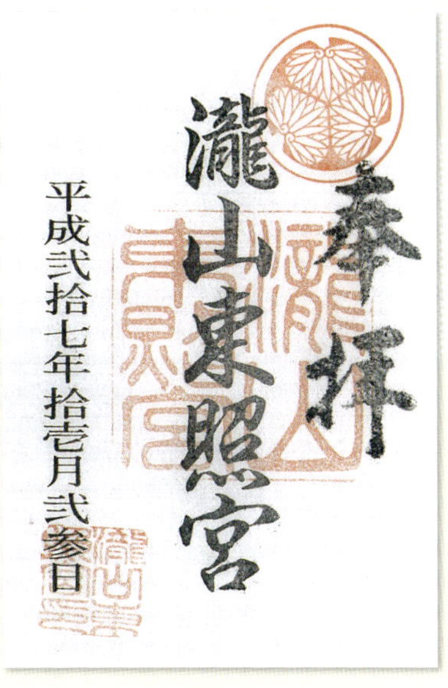

受印可能日は土・日曜のみなのでご注意を

Pick UP

こちらは荘厳な瀧山寺の本堂

交通安全守
キーホルダー500円

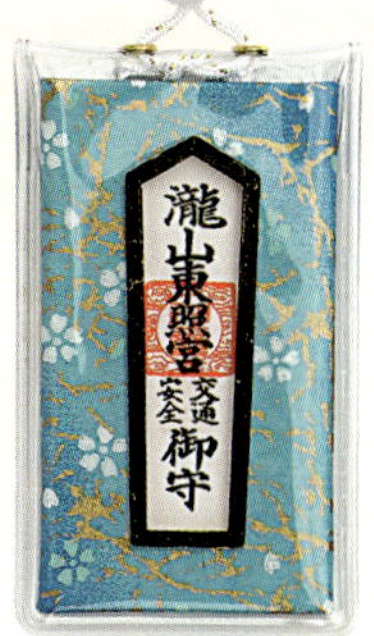

身体守（2色）
それぞれ500円

極彩色の社殿は権現造り。本殿、幣殿、拝殿などどれも国の重要文化財

伊賀八幡宮

【いがはちまんぐう】 岡崎市

家康公を相殿神として祀る八幡宮

文明2年（1470）年、徳川家の祖先である松平家の四代当主・親忠公が創建。その名の通り八幡神を祀り、子孫繁栄と武運を願い造られました。今川家の人質として駿河へ移る以前の幼き家康公も、きっとお参りしていたと想像できます。後の慶長16年（1611年）、その家康公が本殿を造営。徳川三代将軍家光公によって幣殿と拝殿が増設され、さらに祖父である家康公を相殿神として祀りました。つまり久能山や日光と同様の、東照宮でもあります。

親忠公は、菩提寺としてここからほど近い場所に「大樹寺」も創建。「亡骸は久能山へ、位牌は大樹寺へ」という家康公の遺言通り、その位牌が祀られています。合わせて参拝してみては。

MAP P126-2

門の両側に随神が配された随神門。目の前には7月頃に見頃を迎える蓮池が広がる

寄り道スポット

三河名物・八丁味噌の製造工場。江戸時代から続く伝統の味が生まれる現場を見学できる。八丁味噌を使ったソフトクリームを楽しめる食事処やお土産の販売もある。

八丁味噌の郷

愛知県岡崎市八帖町字往還通69
0564-21-1355
見学受付は10:00～16:00
（土・日曜、祝日は9:30～）
休なし　Pなし
HP http://www.kakukyu.jp/

徳川家由来の証である葵の御紋が押されている

松平家と徳川家の菩提寺である大樹寺山門

DATA

伊賀八幡宮

愛知県岡崎市伊賀町東郷中86
0564-26-2789
[参拝時間]6:00～16:00
[御朱印料]300円
[御朱印・お守りの授与時間]
9:00～16:00
P20台
[アクセス]
愛知環状鉄道・北岡崎駅より徒歩10分
HP http://www.igahachimanguu.com

Pick Up

学業や仕事運のお守り「勝御守」。それぞれ1,500円

華麗な彩色が施された楼門。ほか拝殿、幣殿、本殿やご神体を納める厨子などが国の重要文化財に指定されている

三河国・岡崎

六所神社

【ろくしょじんじゃ】 岡崎市

東照大権現・徳川家康公の産土神

産土神（うぶすながみ）とは、その人が生まれた土地の神様で、その人の生前から死後まで守る神様を指します。六所神社は、徳川家康公誕生の際、松平家によりその産土神として拝礼されました。寛永11年（1634年）に徳川家光公が与えた御朱印状には、他の神社とは別格であるとする旨が記載されています。その造りは、久能山東照宮を発祥とする絢爛豪華な権現造。このことからも、日光や久能山と同格とみなされてきたと考えられます。

主祭神は安産の守護神である塩土老翁命（しおつちのおじのみこと）。12日に1度ある戌の日には、安産祈願でたくさんの参拝客が訪れます（本殿、幣殿、拝殿、楼門は修復工事中、工事終了は平成29年11月を予定）。

二の鳥居。楼門までは急な階段がある

MAP P126-2

寄り道スポット

徳川家康公の居城として有名な岡崎城がそびえ立つ、緑豊かな公園。旧城そのままに復元された白亜の天守閣が美しい。歴史資料館や家康公ゆかりの史跡など見どころいっぱい。

岡崎公園

愛知県岡崎市康生町561-1
☎0564-22-2122(岡崎城)
　0564-24-2204(家康館)
営8:30〜18:00
　(岡崎城は9:00〜17:00)
休なし　Pあり(有料)

DATA

三河国・岡崎
六所神社

愛知県岡崎市明大寺町字耳取44
☎0564-51-2930
[参拝時間]9:00〜17:00
[御朱印料]300円
[御朱印・お守りの授与時間]
9:00〜17:00
P50台
[アクセス]
名鉄名古屋線・東岡崎駅より徒歩5分
HP http://www.rokushojinja.com

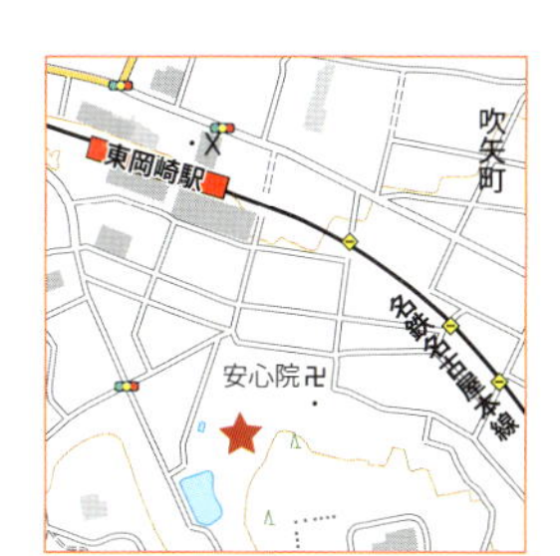

葵の御紋が入った御朱印状

安産祈願のお守り800円
絵馬500円

御朱印帳は2色、それぞれ1,500円。白が女性に人気

社殿は昭和54年に火災に見舞われたが、その翌年にコンクリート造で復旧した

厄除け 厄払い 西尾の総鎮守

伊文神社

【いぶんじんじゃ】 西尾市

歴史ある古都・西尾の総鎮守

天照大神の弟であり、古事記に登場する神の中でも主人公的な存在である素盞嗚尊（すさのおのみこと）を主祭神とする、いわゆる「天王社」。毎年7月に催される祇園祭はとりわけ大規模で、広く市民に親しまれています。抹茶で有名な西尾は、かつての城下町。伊文神社は同市内にある御剣八幡宮とともに、西尾城の鬼門を守る社でした。当時は三河三都と呼ばれた町の総鎮守産土神です。

相殿として大己貴命（おおなむちのみこと）と文徳天皇を祀っており、ご利益は厄払いや雷除けなど。子供の健康祈願で訪れる人も多いようです。三人の女性の神を祀る「三姫社」もあり、毛髪や芸道に関してのご神徳があります。住宅街にひっそりと佇み、とても静かな時間が流れています。

社殿前にある「子安の泉」。ここで子供の健康を祈願する

MAP P126-3

寄り道スポット

明治21年創業の老舗茶商店が営む、風情ある甘味処。ミニ菓子付きで西尾抹茶を味わえるほか、茶葉や西尾銘菓を販売している。要予約で工場見学も受け入れている。

あいや

愛知県西尾市上町横町屋敷15
☎0563-56-2233
営9:30〜18:30
休なし　Pなし
HP http://www.matcha.co.jp/

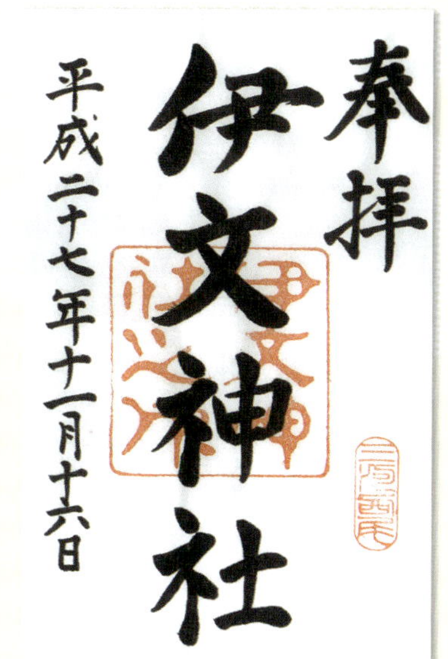

神職不在時は受印できないので要注意

DATA

厄除け 厄払い 西尾の総鎮守
伊文神社

愛知県西尾市伊文町17
☎0563-57-2838
[参拝時間]参拝自由
[御朱印料]300円
[御朱印・お守りの授与時間]
9:00〜17:00(神職不在時は不可)
P20台
[アクセス]
知立バイパス・安城西尾ICより車で10分
HP http://www.katch.ne.jp/~ibun/

Pick Up

「平守」800円

「災難厄除守」800円

素戔嗚尊を訪ねて
―平成のおかげ参り―

「素盞嗚尊を訪ねて」と書かれた御朱印帳1,000円

諸願成就の「叶守」800円

皇室の祖先を祀っていることから、国家安寧と家内安全の神社として崇敬されている、三河国の二宮

知立神社

【ちりゅうじんじゃ】 知立市

東海道をゆく旅人に崇められた社

東海道五十三次で三十九番目の宿場町、知立。かつては「池鯉鮒」と書いて「ちりゅう」と読まれ、江戸時代には「池鯉鮒大明神」として知られるようになり、静岡県の三嶋大社、名古屋の熱田神宮とともに東海道三社の一つとして数えられてきました。平安時代に編纂された「延喜式神名帳」にもその名が記載されている式内社です。

主祭神は日本神話に登場する初代天皇・神武天皇の父、鸕鶿草葺不合尊（うがやふきあえずのみこと）。東海道を往来する旅人から「まむし除け」のご神徳があるとされてきました。現在も、害をなす生き物から人々を守り、旅行安全などのご利益があると崇められています。

神仏習合の時代から廃仏毀釈の難を逃れ、今に残った多宝塔。国指定重要文化財

MAP P126-2

寄り道スポット

知立神社境内に隣接しており、境内を挟んで西公園と東公園に分かれている。明治神宮から贈られた60品種の花菖蒲があり、5月下旬から6月中旬にかけて見頃を迎える。

知立公園

愛知県知立市西町神田12
☎0566-83-1111

御朱印

奉拝
知立神社
平成二十七年十一月二十三日

御朱印料は「お気持ち」。参道左手の授与所で納める

DATA

知立神社

愛知県知立市西町神田12
☎0566-81-0055
[参拝時間]終日
[御朱印料]任意のお志で
[御朱印・お守りの授与時間]
8:30〜17:00
Ⓟ100台
[アクセス]
名鉄・知立駅より徒歩12分
ⒽⓅhttp://chiryu-jinja.com

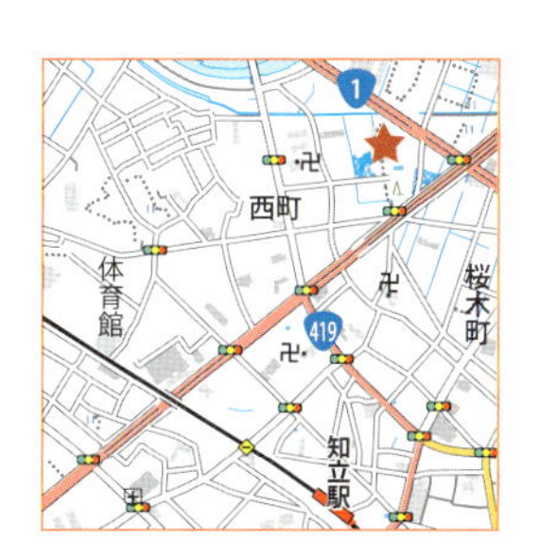

Pick Up

かわいらしいデザインの「安産御守」500円

花菖蒲が描かれた御朱印帳1,500円

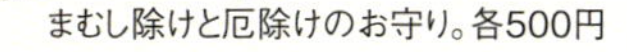

まむし除けと厄除けのお守り。各500円

名古屋東照宮

【なごやとうしょうぐう】 名古屋市中区

都市景観重要建築物の社殿がある神社

名古屋城の初代城主徳川義直公が父家康の霊を弔うため、1619年に名古屋城の三之丸に創建された歴史ある神社ですが、第二次世界大戦の空襲で国宝の楼門、社殿とともに焼失してしまいました。現在の社殿は、建中寺にあった春姫の霊廟を移築したものです。

青銅製の鳥居をくぐると、小ぶりながら存在感のある社殿が見えます。この社殿は、県の都市景観重要建築物に指定。東照宮、隣にある那古野神社、若宮八幡社の例祭は300年あまり続く名古屋三大祭りとして有名。毎年、4月16日、17日に東照宮祭があり、境内に造られた朱塗りの舞台で雅楽の調べに合わせ、舞楽奉納神事が執り行われます。夜の照明の下での舞楽は幻想的な雰囲気があり、夢のような美しさです。

福神社には家康公が深く信仰していた大黒様と恵比寿様が祀られている

MAP P126-2

寄り道スポット

神社がある長者町通を南に下って行くと見えてくる、ガラス張りのおしゃれなカフェ。3人のバリスタが、サードウェーブやイタリアのクラシカルなエスプレッソを入れてくれる。

THE CUPS
（ザカップス）

愛知県名古屋市中区錦2-14-1
X-ECOSQ. 1・2F
☎052-209-9090
休なし　Pなし
HP http://cups.co.jp

DATA

名古屋東照宮

愛知県名古屋市中区丸の内2-3-37
☎052-231-4010
[参拝時間]終日
[御朱印料]300円
（東照宮と福神社あわせたもの600円）
[御朱印・お守りの授与時間]
9:00〜17:00
P3台
[アクセス]
地下鉄鶴舞線、桜通線・丸の内駅
1番出口より徒歩3分
HP http://nagoyatoshogu.com/

御朱印

「福神社」の御朱印を合わせたものもある（600円）。
福神社の御朱印には、大黒様と恵比寿様が

Pick UP

中に七福神蒔絵シールが入っているおみくじ200円。財布やノートに貼って

細かな絵柄が非常に美しい東照宮祭（名古屋まつり）山車絵馬は各1,000円

福神守800円。
金運UPの予感が！

名古屋郷土玩具の初夢鈴は3つセットで3,000円

那古野神社

【なごやじんじゃ】 名古屋市中区

一面に咲き誇る桜の美しさでも有名

名古屋城の真南にある那古野神社は、延喜11年（911年）に創建された千年以上の歴史を誇る古社です。明治9年に隣にある東照宮とともに旧藩校である明倫堂跡地の現在地に移転。御祭神は「ヤマタノオロチ」伝説で有名な須佐之男神（すさのおみこと）と櫛稲田姫神（くしなだひめ）。境内にある厄除けのイチョウの木は延命長寿の縁起の良い木と言われており、この木を拝む人の姿も。

江戸時代、例祭である天王祭は東照宮祭、若宮祭とともに名古屋三大祭りに数えられていました。現在は毎年7月15日、16日に例大祭が行われ、神輿のお渡りを赤いふんどし姿の担ぎ手が那古野神社から若宮八幡社まで担ぐ様は圧巻です。街の中心地近くにありながら、凛とした静寂さを帯びています。

昭和20年の空襲で焼けたが、3年後に芽を出した厄除けのイチョウの木

MAP P126-2

寄り道スポット

神社を北上すると、徳川家康が天下統一の最後の布石として築いた城の雄大な姿が見えてくる。重要文化財の建築物も多く、見どころ満載。2016年6/1からは本丸御殿の対面所などが公開される。

名古屋城

愛知県名古屋市中区本丸1-1
☎052-231-1700
Ⓟあり（有料）
HP http://www.nagoyajo.city.nagoya.jp

DATA

那古野神社

愛知県名古屋市中区丸の内2-3-17
☎052-231-4030
[参拝時間] 終日
[御朱印料] 300円
[御朱印・お守りの授与時間]
9:00～17:00
Ⓟなし
[アクセス]
地下鉄鶴舞線、桜通線・丸の内駅
1番・4番出口より徒歩5分
HP なし

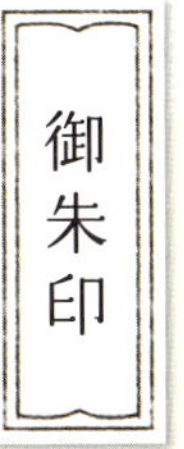

非常に力強い筆の運びが印象的な御朱印300円

Pick Up

那古野例大祭が描かれた絵馬500円

開運のお守りは赤と紫の2色各800円

かわいい表情の干支の土鈴各800円

例大祭を描いた大きな絵馬2,500円

晴明神社

【せいめいじんじゃ】 名古屋市千種区

パワースポットであふれるかわいい神社

平安時代の有名な陰陽師である安部晴明の住居跡で、安永7年(1778年)、晴明を祀る神社として建立されました。晴明がこの地に住んだ際、住民の悩みであったマムシや蛇をまじないで封じ込めたそうです。境内にはハートと星マークがいたるところにあり、かわいい雰囲気。恋愛成就の神として、また万物の除災清浄を表す祈祷呪符があり、魔除け厄除けの神社としても信仰を集めています。また、狛犬を撫でると病気が治り、ご神木跡地を女性は右に2回まわると良いことがあり、百度石を撫でると百度お参りしたことになるなど、パワースポットであふれています。手水舎の水を飲んで病気が治ったという人が多いそう。地元の皆さんが神社守りをしています。

女性は右側の狛犬の頭とお腹を撫でると病気にならないそう

MAP P126-2

寄り道スポット

ランチの時間帯は、大豆の甘みをしっかり感じる、できたて豆腐の味が楽しめる。参拝の後は、豆腐を使用したデザートでくつろぐのもおすすめ。揚げや湯葉なども販売している。

とうふや豆蔵 大曽根店

愛知県名古屋市北区山田1-3-22
☎052-991-1014
営9:00～18:00
ランチは11:00～14:30(LO14:00)
休なし(年末年始除く)
Pなし
HPhttp://www.otoufu.co.jp

DATA

晴明神社

愛知県名古屋市千種区清明山1-6
☎052-711-8803
[参拝時間]終日
[御朱印料]300円
[御朱印・お守りの授与時間]
火・木・土・日曜、祝日13:00～16:00
Pなし
[アクセス]
地下鉄名城線・砂田橋駅
1番出口より徒歩12分
HPなし

あらかじめ書かれたものが社務所に置いてある。御朱印にも晴明神社の神紋である五芒星のスタンプが押してある

Pick Up

本殿の屋根のハート。これは猪の目と呼ばれる刳り形の1つ

魔除けステッカー
200円

イヤホンジャック、ストラップなど魔除けに。各200円

名古屋総鎮守

若宮八幡社

【わかみやはちまんしゃ】 名古屋市中区

11もの摂末社がある緑あふれる神社

名古屋市で最も幅の広い若宮大通り(通称100m道路)に面した神社は、大宝年間(701~704年)に、現在の中区三の丸に建てられたと伝わり、慶長15年(1610年)の名古屋城築城の際に現在地に遷座(せんざ)しました。境内には針塚があり、毎年2月8日の「針供養祭」では裁縫の上達と女性の幸せを願います。

毎年5月15日、16日に行われる若宮祭は、東照宮、那古野神社の例祭とともに、名古屋三大祭りの1つ。名古屋市指定有形民俗文化財である福禄寿車(山車)と神輿が、からくり人形を上演しながら、那古野神社との間を往復します。

境内には、楠、銀杏、桜、橘の木々があふれ、まるで都会の真ん中にあるオアシスのよう。早朝には、通勤前の人が参拝する姿を見かけます。

使い古した針や折れた針を豆腐やこんにゃくに刺して供養する針塚

MAP P126-2

寄り道スポット

神社のすぐ裏手に位置する服と雑貨のセレクトショップ。日常の中の非日常がコンセプト。キャンドルやステンドグラスなどキュートな雑貨があるほか、女性も楽しめるメンズ服も。

Unlimited -lounge- 1LDK annex
（アンリミティッドラウンジ ワンエルディーケーアネックス）

愛知県名古屋市中区栄3-23-24
NAGOYA FLAT 2F
℡052-252-5279
営12:00〜20:00
休なし
HP http://www.idland.jp/

DATA

名古屋総鎮守 若宮八幡社

愛知県名古屋市中区栄3-35-30
℡052-241-0810
[参拝時間]終日
(6:30〜16:30まで正面御扉があいている)
[御朱印料]300円
[御朱印・お守りの授与時間]
9:00〜17:00
Pあり（参拝のみの場合、無料）
[アクセス]
名古屋地下名城線・矢場町4番出口より徒歩5分
HP http://www.wakamiya.or.jp/

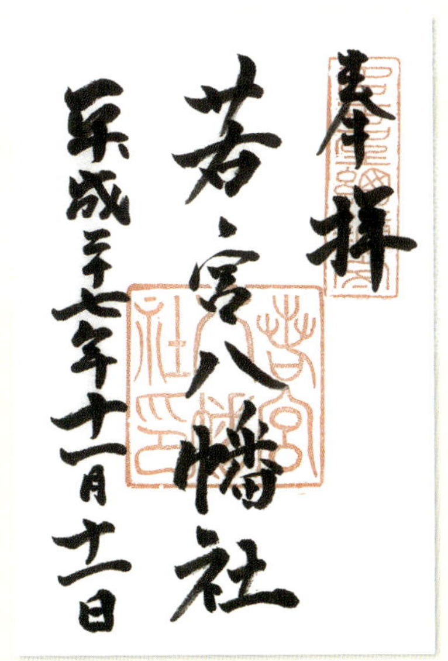

丁寧に書かれる御朱印300円。橘の紋と文字が金箔押しされた御朱印帳1,000円。桜の織りが全体に散りばめられている

Pick Up

ハートに想いをこめて。
ハート型絵馬500円

長い長い幸せを紡ぐ「幸せの糸巻」1,000円

中に入った人形がかわいい「幸福守」各500円

洲崎神社

【すさきじんじゃ】　名古屋市中区

干支の像がある椋の森

太古よりこの地に祀られていた「石神」が始まりで、平安時代初期に広井天王、牛頭天王（ごずてんのう）と呼ばれるようになりました。1908年、こちらと石神神社が合祀（ごうし）されて「洲崎神社」となり、現在に至ります。参道を進むと右手に縁結びの神様である道祖神があり、さらに進むと本殿。本殿横にある石神の社には小さな鳥居があり、腹這いでくぐると「良い方向へ導いてくださる」と言われます。奥には商売の神様、白龍龍寿神社。参道脇に十二支の像が並び、自分の干支を参る人が多いのだとか。7月には提灯祭りがあり、1000個余りにも及ぶ提灯の火が幻想的です。ビル街にありますが、境内は木々が多く、まるで森の中にいるようです。

縁結びの輪に願いを込め、縁結びの神様の横に奉納する

MAP　P126-2

寄り道スポット

農家より直接、旬の野菜を仕入れて販売している八百屋。こだわりの加工品も多数。果汁100%のりんごジュース、平飼い卵のプリンを持って、近くの白川公園でのんびりしてみては?

My farmer
(マイファーマー)

愛知県名古屋市中区栄1-12-29
☎080-8939-7144
営10:00〜20:00
休日曜
HPhttp://store.myfarmer.jp/

DATA

洲崎神社

愛知県名古屋市中区栄1-31-25
☎052-201-3834
[参拝時間]終日
[御朱印料]300円
[御朱印・お守りの授与時間]
9:00〜18:00
Pあり
[アクセス]
地下鉄鶴舞線・大須観音駅
4番出口より徒歩5分
HPなし

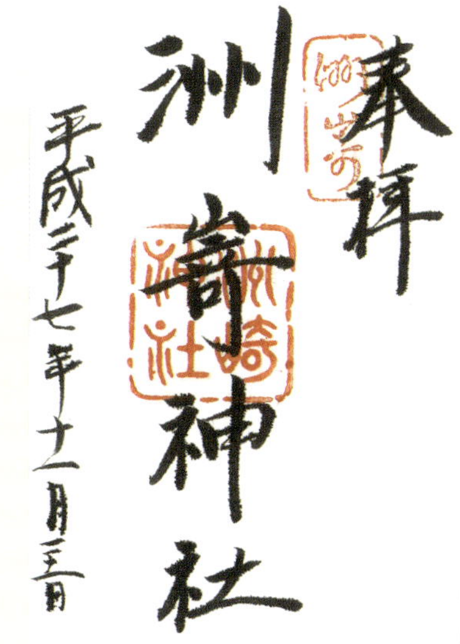

墨書きは、「洲嵜神社」と、「崎」→「嵜」の漢字を用いられています

Pick Up

縁結びの輪500円

ちりめんの花が可憐。色は数種類ある「絆のお守」700円

パステル調の3色がかわいい「えんむすび」各700円

城山八幡宮

【しろやまはちまんぐう】 名古屋市千種区

縁結び・恋愛成就の聖地

昔、織田信秀が城山の森一帯に末森城を築きましたが、父信秀の後を継いだ信行が兄信長に滅ぼされわずか10年程で廃城となりました。そしてこの地に建てられたのが城山八幡宮です。本殿の裏には、縁結びの御神木「連理木」(れんりぼく)があり、「御神木の神占」をする女性の姿を多く見かけます。また、本殿横には、桃取石があり、この石で恋占い、良縁占い、人生占いができ、恋人同士で2人の恋の行方を占う人も。こちらの神社のほか、高牟神社、山田天満宮が恋の三社めぐりとして有名で、この三社でスタンプ(スタンプ料各100円)を集めると記念品が授与されます。恋のパワースポットということもあり、女性の姿があちらこちらに。ステキな出会いを求めている人は出かけてみては。

木を回り、自然に足が止まった所に下がる紙垂(しで)で吉兆を占う

MAP P126-2

寄り道スポット

パステルカラーのバタークリームや動物の型のトッピングなどかわいいカップケーキがずらりと並ぶ。ピンクと白ベースのポップな店内で飲食も可能。季節限定のカップケーキも。

London Cupcake
(ロンドンカップケーキ)

愛知県名古屋市千種区
姫池通3-25-2
☎050-1355-0245
営10:00〜19:00
休火曜、第3水曜　Pなし
HP http://www.londoncupcakes.jp

DATA

城山八幡宮

愛知県名古屋市千種区城山町2-88
☎052-751-0788
[参拝時間]5:00〜20:00
[御朱印料]300円
[御朱印・お守りの授与時間]
9:15〜16:30
P60台(60分無料)
[アクセス]
地下鉄東山線・覚王山駅
2番出口より徒歩6分
HP http://www.shiroyama.or.jp/

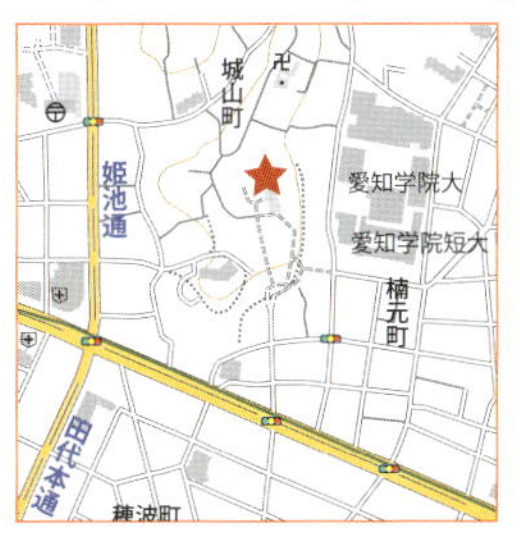

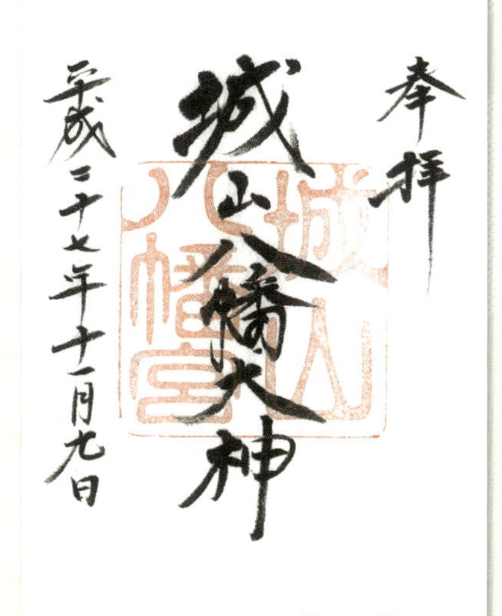

丁寧に書かれた御朱印

Pick Up

叶う守900円にパワーストーン各200円を入れて身に付ける

90種類以上の柄がある「仕事守」900円。気に入ったものを見つけよう

水に浮かべると文字が浮かび上がる「水みくじ」300円

黒とピンクの組み合わせがおしゃれな「えんむすび守」900円

高牟神社

【たかむじんじゃ】　名古屋市千種区

境内に湧き出る古井（恋）の水

延喜式（927年）に記載されている古社で、御祭神は高皇産霊神と神皇産霊神の二神。むすび信仰の神とされています。かつてこのあたりに住んでいた尾張物部氏の武器を納めた倉が後に神社になったことに由来。「高牟」の「牟」は、古代武器の〝鉾（ほこ）〟を指す言葉で、「高」はその美称。つまり「高貴な鉾」が納められた神社という意味です。

高牟神社、山田天満宮、城山八幡宮の三社で、「恋の三社巡り」があり、ピンクのスタンプ台紙を片手に、女性の参拝者が後を絶ちません。スタンプを3つ集めると恋愛運上昇のお守りになるとか。境内に湧き出している清水は「古井（恋）の水」と呼ばれ、これを飲むと「恋が生まれる」「長寿に恵まれる」と言われています。

涸れることなく湧き出している「古井の清水」を求めて訪れる人も多い

MAP　P126-2

寄り道スポット

健康で心地よい毎日を過ごせるようにと、ビル内に漢方薬局のほか、漢方やハーブを取り入れた飲食が楽しめるカフェ、ボディワークスタジオなども備わっている。

自然の薬箱

愛知県名古屋市千種区今池1-2-7
健康文化館
☎052-734-3004
営10:00～19:00(日・祝日18:00まで)
休水曜
P近隣にコインPあり
HPhttp://five-r.co.jp/kampo.html

DATA

高牟神社

愛知県名古屋市千種区今池1-4-18
☎052-731-2900
[参拝時間]9:00～16:00
[御朱印料]300円
[御朱印・お守りの授与時間]
9:00～16:00
Pなし
[アクセス]
地下鉄東山線・千種駅、
JR中央線・千種駅より徒歩5分
HPなし

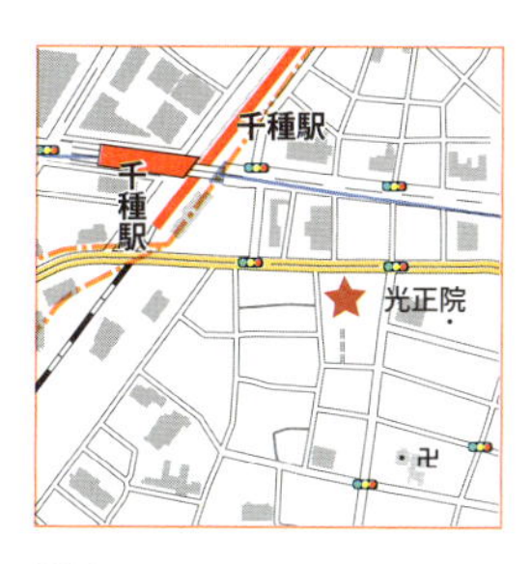

御朱印

御朱印と恋の三社めぐりのスタンプをセットで求める女性の姿が多く見られる

Pick Up

三社のスタンプを集めるとお守りに(各社スタンプ代100円)

5つの願いを1束にまとめた「五福勾玉(まがたま)守り」500円

黒でシックな雰囲気の「えんむすび」1,000円

恋愛成就
ハートおまもり
あなたの恋が叶いますように…
高牟神社

クリスタルのハートがかわいい。「恋愛成就ハートおまもり」500円

熱田神宮

【あつたじんぐう】 名古屋市熱田区

神話に包まれた緑豊かで荘厳な杜

景行天皇43年(113年)に創祀され、三種の神器の1つ草薙神剣(くさなぎのみつるぎ)の御鎮座に始まった熱田神宮は、伊勢神宮に次ぐ格別に尊いお宮として、全国から篤い崇敬を集めています。年間で70余度の神事や神典が行なわれますが、その中でも天皇陛下のお使いが参向される例祭「熱田まつり」は特に有名。約6万坪の広大な杜には、楠、ケヤキ、椿など多種多様な木々が生い茂り、これらに囲まれた緑美しい参道では、静寂で澄んだ空気が流れています。信長塀、西楽所、佐久間燈籠など歴史的建造物のほか、宝物館では国宝・重要文化財など由緒ある貴重な品々約6000点を収蔵。歴史の深みが感じられます。街の中にありながら、自然のエネルギーが満ち溢れた鎮守の森です。

桶狭間合戦での戦勝御礼のため、信長が奉納したという塀

MAP P126-2

寄り道スポット

緑に覆われた境内にある茶屋。きよめ餅と抹茶のセットのほか、ぜんざいやお汁粉も人気。もっちりとした餅の中にこしあんが入ったきよめ餅は名古屋土産としてもおすすめ。

清め茶屋

愛知県名古屋市熱田区神宮1-1-1
熱田神宮境内
☎052-671-4152
🕘9:30～16:30　㊡なし

DATA

熱田神宮

愛知県名古屋市熱田区神宮1-1-1
☎052-671-4151
[参拝時間]終日
宝物館は9:00～16:30
(入館は16:10まで)
[御朱印料]お志
[御朱印・お守りの授与時間]
6:30～日没まで
Ⓟ400台
[アクセス]
名鉄・神宮前駅より徒歩3分
HP https://www.atsutajingu.or.jp/

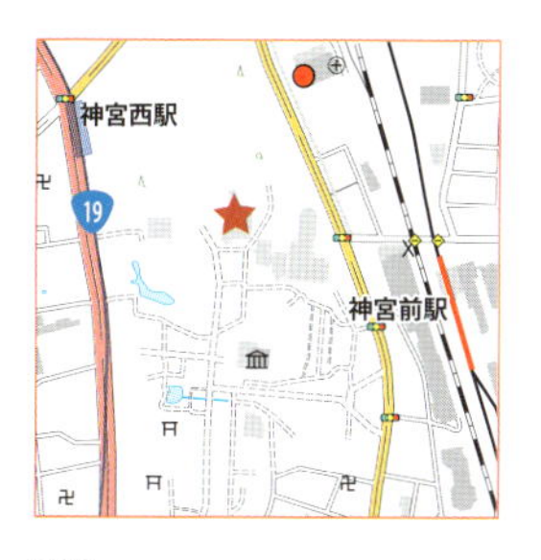

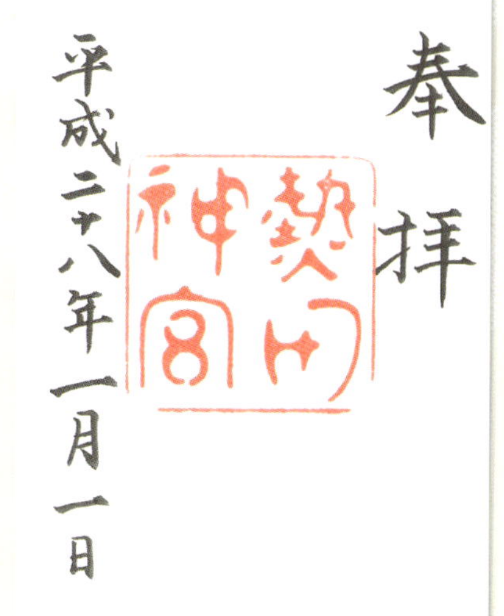

御朱印料はお気持ちで。「熱田神宮」の印が捺された御朱印

Pick Up

厄除鈴・社紋鈴・神鈴の3つの鈴を1つに結び付けたもの。500円

赤ちゃんの成長を祈願した初宮鈴800円。犬の表情がかわいい

白鳥をかたどった愛くるしいお守り1,000円。愛まもりともいわれる

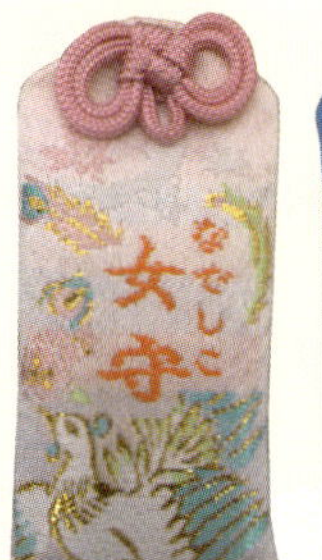

真心と輝きと優しさを持てるように祈願されている「女守」1,000円

知恵と力と勇気を持てるように祈願されてい「男守」1,000円

日置神社

【ひおきじんじゃ】名古屋市中区

毎月28日にマルシェのある緑豊かな神社

平安時代に編纂された延喜式（905年～）に記載されている「尾張国愛智郡日置神社」にあたる由緒ある古社で天太玉命（あめのふとだまのみこと）や応神天皇を祭神とします。神社名は暦を司る日置部（ひおきべ）に由来。永禄3年に織田信長が桶狭間の戦いへ出陣の折、ここで祈誓し、戦勝のお礼に松樹千本を植えたことから「千本松日置八幡宮」とも呼ばれます。本殿の屋根の中心には、麻の葉紋、その左右に橘紋があしらわれています。木々豊かな緑あふれる静かな境内で、桜の季節は満開の花が美しく咲き誇ります。毎月28日は、日置神社を中心に、たちばな大木戸（おおきど）ひなた市が開催され、雑貨から焼き菓子などの食べものを販売する店がずらりと並びます。

力試しに使われた石。右はいなり、左ははちまんと名前がついている

MAP P126-2

寄り道スポット

ブドウやオレンジなどフルーツ系のジェラートの他、ほうじ茶やピスタチオなどもおいしいジェラート屋さん。イートインも可能。時々、産地直送野菜も販売している。

ぽちぽちFarmers

愛知県名古屋市中区門前町4-25
☎052-322-3056
営10:00～19:30　休不定休

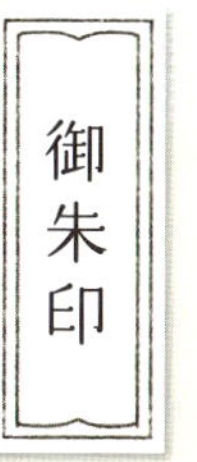

神紋である麻葉と御祭神の天太玉命が書かれてる。神紋は本殿の屋根と鳥居の手前、狛犬の台座にも形どられている

DATA

日置神社

愛知県名古屋市中区橘1-3-21
☎052-321-5241
［参拝時間］終日
［御朱印料］300円
［御朱印・お守りの授与時間］
9:00～17:00
Ⓟなし
［アクセス］
地下鉄鶴舞線・大須観音駅
2番出口より徒歩5分
HPなし

Pick UP

交通安全お守り800円

大黒様、恵比須様の御影500円

お守り800円

伊奴神社

【いぬじんじゃ】 名古屋市西区

子授け、安産祈願と愛犬家にも人気が高い

1330年余りの歴史を持つ古社の一つである神社は、緑多い住宅街に位置します。主祭神の一柱、伊奴姫神(いぬひめのかみ)は子授け、安産などに大きなご神徳をお授けする神様で神社名の由来となっています。本殿の前には、「犬の大」と書かれた犬石像があり、その前でお参りをして安産を祈願する妊婦さんの姿も。犬は安産することから、戌の日には安産祈願の参拝者が多いほか、犬の健康と幸福御守を受ける愛犬家の数も多く見られます。境内には、樹齢800年の御神木を撫でて患部をさすると病気が治るといわれる「大杉社」があるほか、願い事を唱えながら持ち上げると、石の重さで願いが成就するか占う「おもかる石」もあります。

りりしい表情の犬の大王が
拝殿の前に鎮座

MAP P126-2

寄り道スポット

神社から徒歩6分程の場所にある和菓子店。秘伝の製法と技で菓子作りにこだわる。愛知の米粉で作るサブレを最中皮で包んだ「米米」と金時芋餡たっぷりのいもっこがおすすめ!

亀屋芳広 城北店

愛知県名古屋市北区光音寺町1-38
☎052-991-3288
営9:00～19:30
（日祝9:00～19:00）
休なし　Pあり
HP http://www.kameya-yoshihiro.co.jp

DATA

伊奴神社

愛知県名古屋市西区稲生町2-12
☎052-521-8800
［参拝時間］終日
［御朱印料］300円
［御朱印・お守りの授与時間］
9:30～17:15
P80台
［アクセス］
地下鉄鶴舞線・庄内通駅より
徒歩約15分
HP http://www.inu-jinjya.or.jp

御朱印

奉拝
伊奴神社
平成二十七年十一月七日
犬の王

犬の王の印がかわいい御朱印。萌黄色とピンクで桜が描かれたおしゃれなちりめん生地の御朱印帳もある

Pick Up

愛犬の健康祈願の御守は犬小屋やバッグなどに。「いぬ健康幸福御守」800円

犬の王がぶらさがっている「交通安全御守」800円

安産の犬に見守られているかのような気持ちに。「安産いぬ鈴御守」800円

清洲山王宮

日吉神社

【ひよしじんじゃ】 清須市

中年生まれと猿好きにも人気が高い

奈良時代に起源を持ち、病や厄災を除くことを目的として建立。拝殿前、拝殿脇、屋根の上など境内のいたる所にさまざまな表情の申の石像が全部で24体あり、まるで厄を払い去る(申)ように監視しているかのよう。境内の一角には、女性が触れると子宝のご利益があるという「子産石(こうみいし)」があり、豊臣秀吉の生母は、この石に触れて秀吉を授かり、幼名を「日吉丸」と名付けたとされています。ほかに、松平忠吉の埋蔵金伝説や「はきだし参り」など歴史伝承のある神社です。

「この人ゴミを押しわけて、はやく来やがれ、王子さま」で有名なアーティストのイチハラヒロコさんの恋みくじも人気。申年の人はもちろん、猿好きな人の参拝者も多く訪れます。

縦3×横4.5mの巨大絵馬。井上北斗氏により神前で描かれ奉納

MAP P126-2

寄り道スポット

神社から徒歩3分ほどの場所にある和菓子店。全国菓子大博覧会で審査総長賞を受賞した「信長もなか」は十勝産の小豆がたっぷり。お土産にも喜ばれそう。

菊花堂

愛知県清須市清洲2257-1
☎052-400-3220
営8:00～20:00
休火曜
Pあり

DATA

清洲山王宮 日吉神社

愛知県清須市清洲2272
☎052-400-2402
[参拝時間]9:00～17:00
[御朱印料]300円
[御朱印・お守りの授与時間]
9:00～17:00
P30台
[アクセス]
名鉄名古屋本線・新清洲駅より徒歩8分
HP http://www.hiyoshikami.jp

御朱印

力強く筆で書かれた文字が印象的。中央に押印されたスタンプの模様も雰囲気がある

Pick Up

神猿「まさる」がかわいく描かれている。祈願絵馬800円

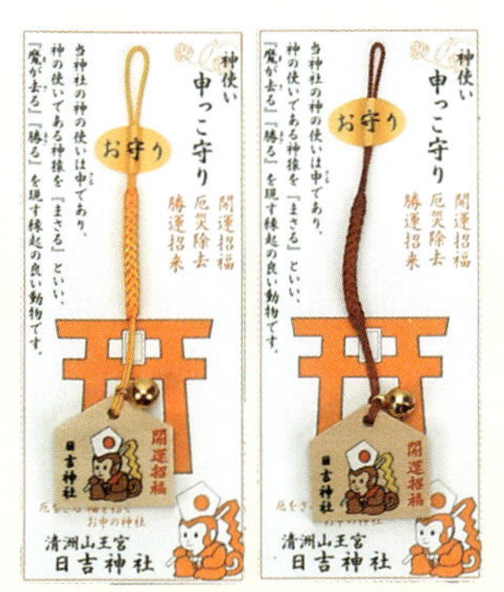

キュートな猿が描かれた絵馬型のお守。「申っこ守り」300円

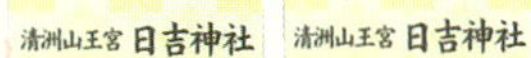

子供連れに人気。パステルカラーの3色がかわいい「子供守」500円

阿波手の杜

萱津神社

【かやつじんじゃ】　あま市

全国唯一の漬物の神様がいる神社

日本で唯一の漬物を祭る神社で祭神は野の神、鹿屋野比売神(かやぬひめ)。古伝によると、かつて神前にこの地で採れた野菜と塩を一緒にお供えしたところ、たまたま塩漬けとなったのが漬物の始まりといわれます。境内にある香の物殿で漬けた漬物を日本武尊(やまとたけるのみこと)が「藪二神物(やぶにこうもの)」と言ったことから、漬物を「香の物」と書くように。毎年8月21日の「香の物祭」には、漬物の生産と家業繁栄・諸病免除を祈り、多くの漬物業者が参列。この祭りは、全国で唯一の漬物の祭礼として、あま市無形文化財に指定されています。「願いはすべて成就し、良縁に恵まれる」といわれる2本の榊が途中で結合する「連理の榊」もあります。

漬物を納める「香の物殿」の漬物石を3回撫でると漬物上手になれるそう

MAP P126-2

寄り道スポット

神社よりほど近い場所にある寺。国指定重要文化財である三重塔・南大門・東門をはじめ、国・県指定の文化財が多数あり、歴史の古さが偲ばれる。毎月12日は手作り朝市がある。

甚目寺観音
（ジモクジカンノン）

愛知県あま市甚目寺東門前24
☎052-442-3076
HP http://jimokuji.or.jp

御朱印

綺麗な筆使いの御朱印300円。阿波手（あわで）の杜のスタンプが押してある。不遇の杜（阿波手の杜）とは、萱津神社のこと

DATA

阿波手の杜
萱津神社

愛知県あま市上萱津車屋19
☎052-444-3019
[参拝時間]終日
[御朱印料]300円
[御朱印・お守りの授与時間]
9:00～18:00
P 25台
[アクセス]
東名阪・甚目寺南ICより車で約10分
HP https://sites.google.com/site/kayatsujinja/

Pick Up

漬物祖神を祭る「香の物殿」が描かれた開運・厄除け御守500円

大根は中風除けになるといわれる。「無病息災守の御守」500円

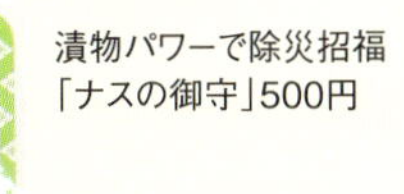

漬物パワーで除災招福「ナスの御守」500円

尾張国中村里

豊國神社

【とよくにじんじゃ】 名古屋市中村区

緑豊かな公園内に戦国パワーが溢れ出る

明治18年に豊臣秀吉公を祀るために創建されました。敷地は秀吉の生誕の地。もともと神社があった場所に中村公園ができ、公園の中央に神社が位置する形になりました。参道の入り口には、昭和4年に立てられた24mの巨大鳥居がそびえています。貧しい百姓の子に生まれ、織田信長に仕え、ついには天下人まで上りつめた秀吉は、日本史上、一番の出世者と言われています。その為、立身出世の祈願に訪れる人のほか、受験生の姿も多いのだとか。公園内には、「日吉丸となかまたち」の銅像の他、瓢箪池、「豊公誕生之地」の碑など見どころがたくさん。5月中旬に行われる体閤まつりの出世稚児行列は見もの。夕方、陽が落ちた頃の神社は荘厳な美しさがあります。

※日吉丸は秀吉の幼名。

拝殿に向かって右側には豊臣秀吉の肖像画が掲げられている

MAP P126-2

寄り道スポット

豊國神社がある中村公園のすぐ隣に位置する妙行寺。ここは加藤清正の生誕地といわれ、彼の銅像がある。騎馬の名手としても名高い清正にちなみオートバイ用のお守も授与。

妙行寺

愛知県名古屋市中村区
中村町字木下屋敷22
☏052-412-3362

DATA

尾張国中村里
豊國神社

愛知県名古屋市中村区中村町
木下屋敷無番地
☏052-411-0003
［参拝時間］8:30〜16:30
（1/1は0:00〜19:00）
［御朱印料］300円
500円（紺地の限定のもの）
［御朱印・お守りの授与時間］
8:30〜16:30
Ⓟなし
［アクセス］
地下鉄東山線・中村公園駅
3番出口より徒歩10分
HP http://toyokunijinjya.main.jp/

御朱印

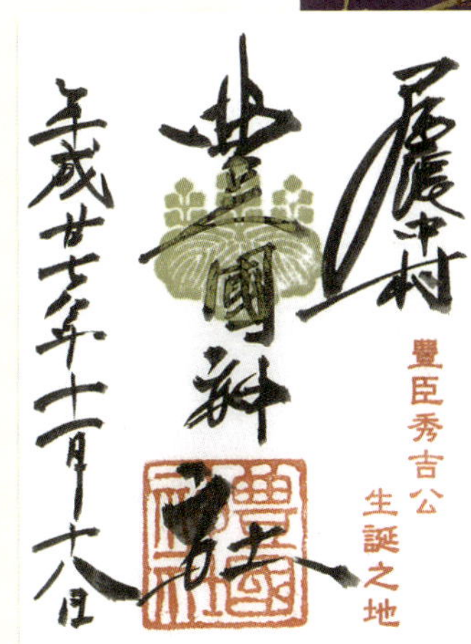

白地（300円）の他、珍しい紺地（500円）もある。美しい「紺地×金文字」の書置きは毎月18日の月次祭限定

Pick Up

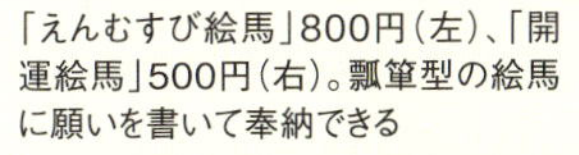

「えんむすび絵馬」800円（左）、「開運絵馬」500円（右）。瓢箪型の絵馬に願いを書いて奉納できる

「体閤出世御守」800円。秀吉の出世にちなんで、出世祈願を求める人も多い

瓢箪のお守りが人気。
「立山瓢箪」2,000円

主祭神は建速須佐之男命、相殿として大穴牟遅命（おおなむちのみこと）を祀る

全国天王総本社

津島神社

【つしまじんじゃ】　津島市

全国約三千ある天王社の総本社

　神仏習合の時代、須佐之男命（すさのおのみこと）は仏教における祇園精舎の守護神・牛頭天王（ぎおずてんのう）の化身と考えられ、京都八坂神社の祇園信仰と、津島神社の天王信仰が広まり、津島神社は全国に約三千ある天王社の総本社として、明治に神仏分離が唱えられるまで、津島牛頭天王社と崇められてきました。

　ご利益は無病息災、厄除開運、夫婦円満など多岐に渡ります。毎年7月第4土曜・日曜に催される天王祭が、そのご神徳に捧げる祈りの象徴。日本三大川祭の一つで、国の重要無形民俗文化財に指定されています。徳川家康公四男の妻女が寄進した桃山式建築の本殿、豊臣秀吉公が寄進した楼門など、有形物も見応えあるものばかりです。

境内東側に位置する楼門は豊臣秀吉公寄進。国指定重要文化財

MAP　P126-2

寄り道スポット

津島神社門前、この地に古くから伝わる銘菓「あかだ」「くつわ」を手作りで、昔ながらの味を届ける老舗。とにかくかたい米菓子は、病除けのご利益を授かれるとして人気だ。

総本家あかだ屋清七

愛知県津島市祢宜町1
℡0120-418-928
営9:00〜19:00
休不定休　P2台
HP http://www1.clovernet.ne.jp/akasei/

DATA

全国天王総本社 津島神社

愛知県津島市神明町1
℡0567-26-3216
[参拝時間]終日
[御朱印料]300円
[御朱印・お守りの授与時間]
9:00〜16:00
P100台
[アクセス]
名鉄津島線・津島駅より徒歩15分
HP http://tsushimajinja.or.jp/

御朱印

奉拝
津島神社
平成二十七年十一月二十三日

御朱印は拝殿右横にある授与所で受領できる

大鳥居と楼門、藤の花がデザインされたすてきなご朱印帳 1,000円

錦守り800円

建速須佐之男命から授かれるご利益の由来であり、福を招く神として知られる「蘇民将来」のお守り800円

尾張大国霊神社(国府宮神社)

【おわりおおくにたまじんじゃ(こうのみやじんじゃ)】稲沢市

格式高い建築様式が目をひく神社

崇神天皇の時代に創建された神社は、通称「国府宮神社」と親しまれています。最寄りの国府宮駅から参道を歩き、鳥居をくぐると、檜皮葺の立派な楼門が見えてきます。この楼門と拝殿は国の重要文化財になっているほか、室町初期の木造獅子頭、陶製狛犬、大鳴鈴(鉄製の鈴)は市の文化財となっています。社殿の建築が「尾張式」という尾張独特の様式で、荘厳な雰囲気があり、広い境内を歩くと、歴史の深みがひしひしと感じられます。

毎年、旧暦の1月13日に行われるのが全国的にも有名な「はだか祭」(正式名称：儺追神事)。神男がふんどし姿の男達の集団に入り、揉みあいを繰り広げる様は圧巻です。桜並木の参道にボンボリが飾られる花の季節に訪れるのもおすすめ。

MAP P126-1

サラシのふんどしと白足袋をつけただけの裸男数千人がもみ合う

寄り道スポット

神社の参道からほど近い和菓子の店。国府宮最中は、皮がしっとり柔らかく、小豆の風味豊かな餡によく合っている。饅頭類のほか、うさぎ型のゼリー菓子などもある。

扇月菓舗

愛知県稲沢市国府宮2-7-21
☎0587-32-2852
営8:00～19:00
休水曜　Pあり
HP http://www

御朱印

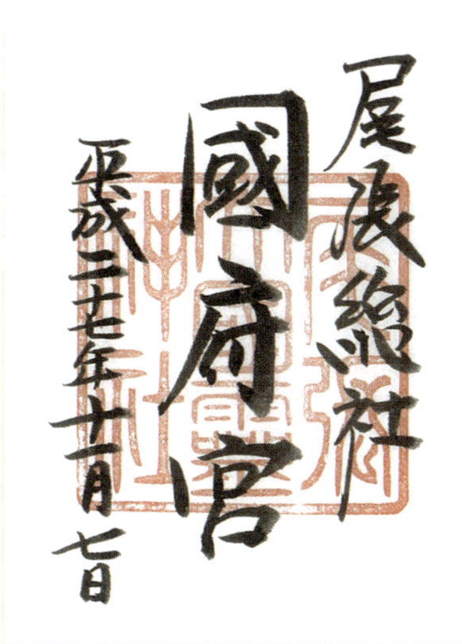

神職が丁寧に書いてくれるご朱印300円。濃紺の御朱印帳のほか、新たにクリーム色の優しい雰囲気のものが登場した

DATA

尾張大国霊神社（国府宮神社）

愛知県稲沢市国府宮1-1-1
☎0587-23-2121
[参拝時間]終日
[御朱印料]300円
[御朱印・お守りの授与時間]
9:00～16:00
P100台
[アクセス]
名神高速・一宮ICより車で10分
HP http://www.konomiya.or.jp

Pick Up

はだか祭の熱気が伝わるかのような飾り絵馬1,000円

はだか祭が描かれたオリジナルのご朱印帳2,000円

身に付けていると1年間の難から逃れられるという「なおいぎれ」100円

田縣神社

【たがたじんじゃ】　小牧市

古代の性器崇拝に基づく「豊年祭」も有名

創建は非常に古く祭神は御歳神（みとしのかみ）と玉姫命（たまひめのみこと）で、五穀豊穣と子宝の神を祀っています。古来より子供が授かる大神様として崇敬されていることから、子供を授かりたいと願う夫婦の姿が多く見られます。授与品の数が豊富で、デザインがすてきなオリジナルも。干支シリーズは毎年集める人も多いとか。

毎年3月15日には豊年祭が執り行われます。男達が「大男茎形（おおわせがた）」と呼ばれる男根をのせた神輿を担ぎ、小ぶりな男根を女性奉仕者たちが抱えて練り歩き、今年1年が豊かな年になることと子孫繁栄を祈願。毎年10万人ほどが訪れ、多数の外国人が占める人気の祭事です。

珍宝窟では2つの玉をさすると御利益があるとされる

MAP P126-1

寄り道スポット

道路を挟んで神社の向かいにある和菓子屋。神社にちなんだ「子宝まんじゅう太郎と花子」「田縣もなか」はお土産にもぴったり。和菓子屋だけど焼き立てパンも人気!

武野屋

愛知県小牧市大字久保一色1033
☎0568-76-2714
営7:30～20:00
休火曜　Pあり　HPなし

御朱印

濃紺とピンクの御朱印帳（1,500円）には、豊年祭の神輿が描かれている。西陣織の朱印帳袋（1,000円）もある

DATA

田縣神社

愛知県小牧市田県町152
☎0568-76-2906
［参拝時間］終日
［御朱印料］300円
［御朱印・お守りの授与時間］
9:00～17:00
P70台
［アクセス］
名鉄小牧・田県神社前駅より徒歩5分
HP http://www.tagatajinja.com

Pick Up

夫婦各々が枕元に置いたり、肌に身につけて。2,000円

「幸福お守り」800円。金色が福を招いてくれそう

オリジナル干支シリーズ500～800円。毎年集める人もいるそう

大縣神社

【おおあがたじんじゃ】犬山市

境内裏手はシダレウメの名所

尾張開拓の祖神「大縣大神」を祀る尾張地方最古の神社で、事業繁栄、開運厄除の守護神として仰がれています。濃尾平野を見下ろす本宮山頂に鎮座していましたが、今から2000年以上も前の垂仁天皇27年（紀元前3年）に現在地へ。社殿は、尾張造の構造様式を正確に伝え、特に本殿は三棟造・大縣造という特殊な様式を構え、国の重要文化財になっています。境内にある姫の宮には玉比売命（たまひめのみこと）が祀られており、安産・子授、縁結び、婦人病など女性の守護神として崇敬されています。棟方志功氏奉納玉比売命の絵馬には、子授けの祈願が多数。毎年3月15日直前の日曜日には、豊年祭があり、五穀豊穣・国家安康・諸産業の健全なる発展を祈願します。

姫の宮。左側に、開運招福鳥居くぐりがある

MAP P126-1

寄り道スポット

大縣神社の御祭神の墓といわれる青塚古墳が神社より4kmほどのところにある。愛知県で2番目に大きい古墳で、昭和58年に国の史跡に指定された。

青塚古墳史跡公園

愛知県犬山市字青塚22-3
☎0568-68-2272
Ⓟあり

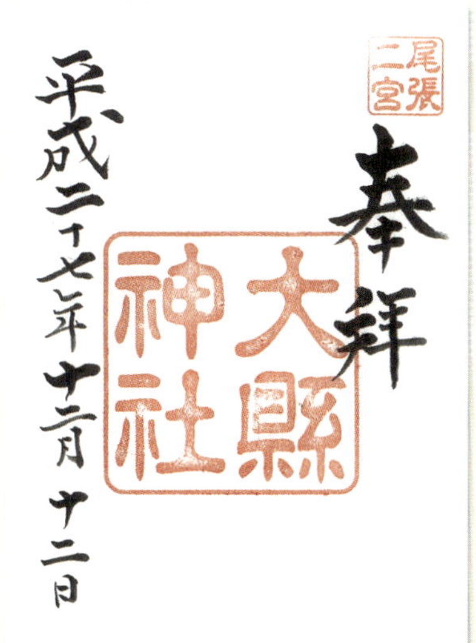

丁寧に書かれた御朱印300円。以前は中央に、式内大社の文字が入っていた

Pick Up

中に願いを綴り、上に賽銭をのせて池に浮かべる。「むすひ祈願紙」100円

夫婦ペアで身に着ける「子授守」2,000円

腰痛持ちはぜひ手にいれたい「足腰守」500円

版画家棟方志功氏による玉比売命が描かれた絵馬（小）500円

DATA

大縣神社

愛知県犬山市宮山3
☎0568-67-1017
［参拝時間］6:00～20:00
［御朱印料］300円
［御朱印・お守りの授与時間］
9:00～17:00
Ⓟ350台
［アクセス］
名神、東名・小牧ICより車で15分
HP http://ocagata.urdr.weblife.me

筆まつりの際、石造りの大筆に志望校合格などの願いごとを書く風習がある

北野天神社

【きたのてんじんじゃ】江南市

受験シーズンは親子でお参り！

学問の神・菅原道真公を祀っており、学業成就や字の上達にご利益があるとされています。いつ頃創建されたかは不明ですが、長く「北野の天神さん」の愛称で親しまれてきました。拝殿の前にある石造りの大筆が目を引き、さらに境内でおもしろいのが、高さ80㎝ほどの小さな鳥居。まるで学業における「狭き門」を形で表現したような鳥居は、地に両手を着いてくぐりましょう。

この神社は普段は無人ですが、天神様の日とされる毎月25日に祈祷を受け付けているため、ご朱印はその日に受領可能です。毎年1月の第3土・日曜には字の上達と受験合格を願う「筆まつり」が開催され、受験シーズンとも重なることから、たくさんの受験生で賑わいます。

筆まつりでは大筆を神社まで引きまわす「大筆奉納行列」が見られる

MAP P126-1

寄り道スポット

約2.5haの芝生広場、遊具広場などを備えた国営の公園で、四季折々の花や植物に癒やされる市民憩いの場。レストランや売店もあり、のんびりできる。入園無料。

フラワーパーク江南

愛知県江南市小杁町一色
☎0587-57-2240
⏰9:30～17:00
（12/1～翌2月末日は～16:30）
休第2月曜（休日の場合は直後の平日）
Ⓟあり
HP http://kisosansenkoen.jp/

御朱印

奉拝
学びの守り神
北野天神社
参拝記念
平成二十七年十二月

祈祷のあるとき以外は札所が無人のため、受印したい場合は事前に確認が必要

DATA

北野天神社

愛知県江南市北野町天神7
☎0587-53-1858
[参拝時間]終日
[御朱印料]200円
[御朱印・お守りの授与時間]
毎月25日の8:30～15:00
Ⓟ7台
[アクセス]
名鉄犬山線・江南駅より徒歩5分
HP なし

Pick Up

拝殿の脇にある「願かけ牛の宮」にある小さな鳥居。牛は天神の使いとされている

合格御守、錦500円、房付きは800円

桃太郎神社

【ももたろうじんじゃ】 犬山市

コンクリート作家・浅野祥雲の作品がある

桃太郎伝説のある犬山市の風光明媚な場所にある桃太郎神社は子供の守り神として崇敬されています。一の鳥居をくぐると、お婆さんの足跡が付いたという洗濯岩があり、二の鳥居をくぐると、桃から生まれた瞬間を表した桃太郎像の姿。石段を登って行くとイヌ、サル、キジ、おじいさん、そして鬼たちのコンクリート像が立ち並びます。石段を登ると桃の形をしたピンク色の鳥居があり、奥が本殿。境内には、貴重な資料を保管している宝物館もあります。2月には節分祭があり、子供達が豆まきをし、きび団子を作ります。鬼は悪い事ばかりでない、仲間であるということを表し、「福は内、鬼も内」と唱えます。神社の背後には巨大な岩山、北側には滝があり、自然豊かな地です。

桃太郎が生まれた!　コンクリート像は一度修復作業が行われた

MAP P126-1

寄り道スポット

公園の前方に流れる川は、長野県から岐阜、愛知、三重を経て伊勢湾に入る。季節によって周りの木々とともに表情を変えながら静かに佇む姿は、息を飲むほどの美しさ。

木曽川ライン

DATA

桃太郎神社

愛知県犬山市大字栗栖大平853
℡0568-61-1586
［参拝時間］10:00～16:00
［御朱印料］300円
［御朱印・お守りの授与時間］10:00～16:00
Ⓟ100台
［アクセス］
名古屋鉄道・犬山遊園駅より車で10分
HPなし

御朱印

日付以外は判子。家来たちが「桃太郎の神霊」を守護している

Pick Up

愛くるしいイラストの「子授け安産守り鈴」800円

蛍光の黄色にピンクというかわいい組み合わせの子供守500円

とてもキュートな表情の桃太郎。子供守500円

いかにも強そうで願いも叶いそう。「鬼の金棒守」500円

縁結び&幸せを呼ぶお守りガイド

持っていればご利益もきっとあるはず！
見た目もかわいいお守りや、ちょっと珍しいものを紹介

どっちも外せない!?　「恋守」
「美し守」各500円（飽波神社）

水引で型どられたもみじの葉の縁結びのお守り「もみじ守」800円（小國神社）

結び目で寄り添う人形がかわいらしい「幸福守」各500円（若宮八幡社）

二つ並べると手をつなぐ絵柄になる「絆守り」700円（舘山寺）

ぷっくりした巾着型にキュートなハートマークが描かれた「縁結び」500円（伊古奈比咩命神社）

幸せを呼ぶクロバーの形が女子に人気の「しあわせ御守」800円（五社神社 諏訪神社）

こんなかわいいおみくじなら引いてみたくなる
「恋みくじ」200円（西光寺）

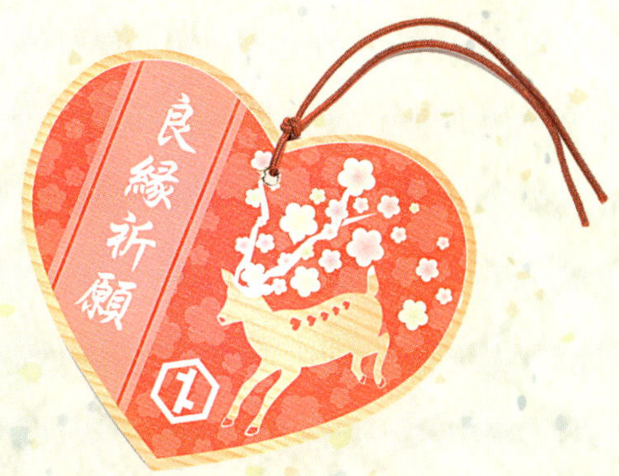

背中のハート柄がかわいい鹿イラスト入り。
願い事をそっと叶えてくれそうな「良縁祈願の絵馬」500円（砥鹿神社）

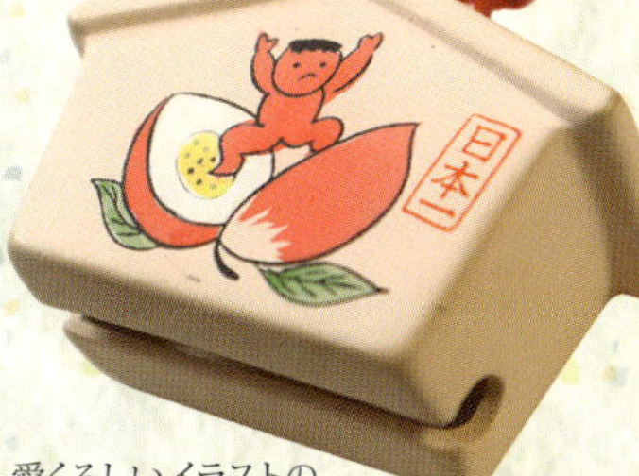

愛くるしいイラストの
「子授け安産守り鈴」
800円（桃太郎神社）

幸せの糸巻

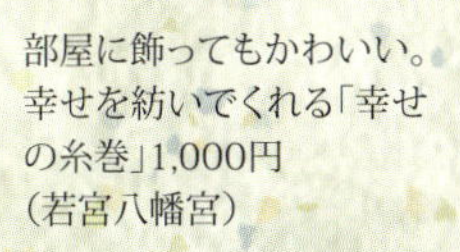

部屋に飾ってもかわいい。
幸せを紡いでくれる「幸せの糸巻」1,000円
（若宮八幡宮）

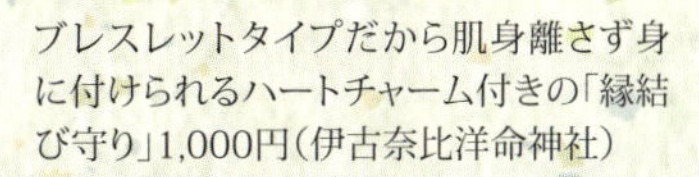

ブレスレットタイプだから肌身離さず身に付けられるハートチャーム付きの「縁結び守り」1,000円（伊古奈比洋命神社）

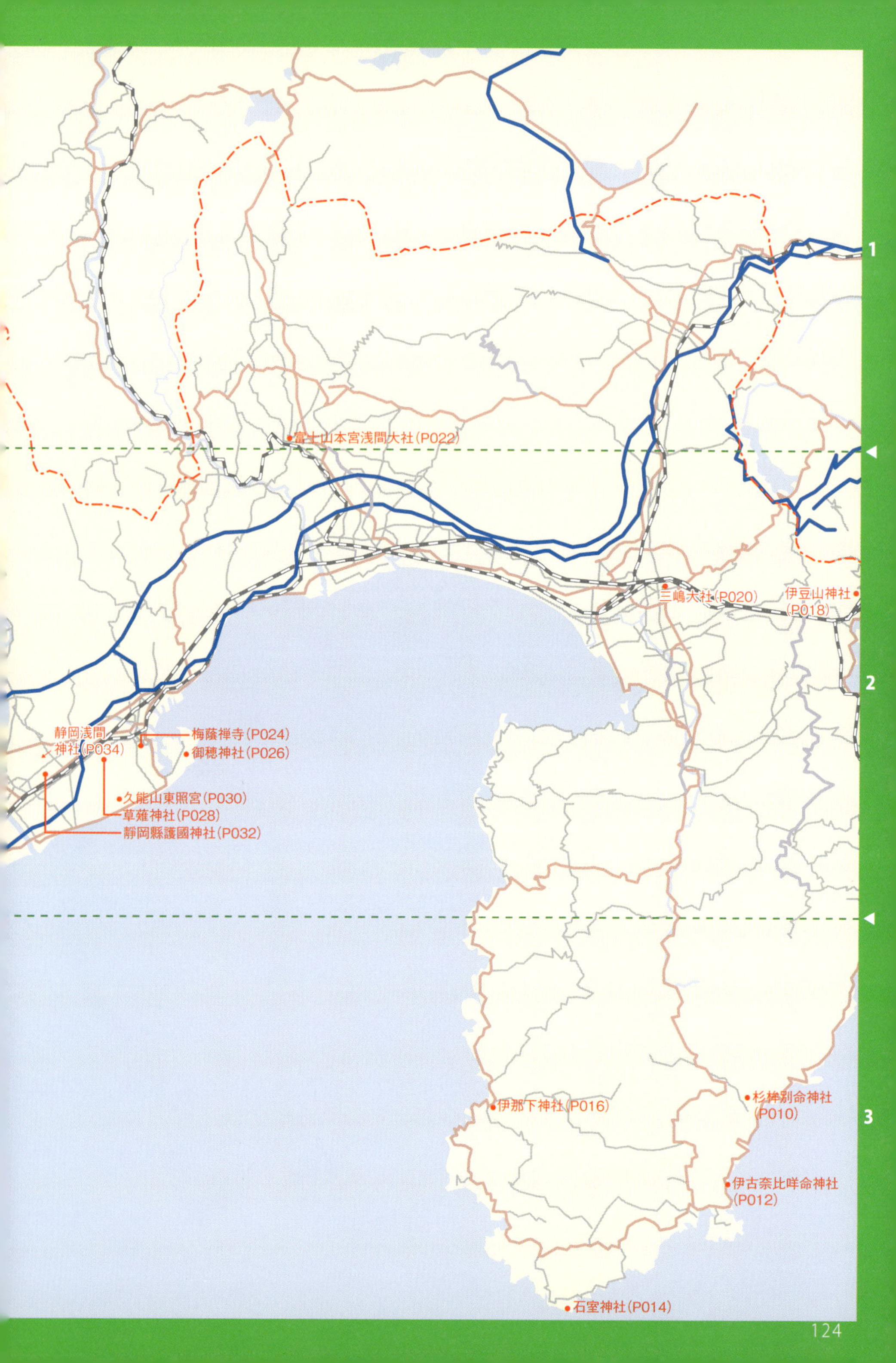
富士山本宮浅間大社(P022)
三嶋大社(P020)
伊豆山神社(P018)
静岡浅間神社(P034)
梅蔭禅寺(P024)
御穂神社(P026)
久能山東照宮(P030)
草薙神社(P028)
静岡縣護國神社(P032)
伊那下神社(P016)
杉桙別命神社(P010)
伊古奈比咩命神社(P012)
石室神社(P014)
1
2
3

静岡MAP
おおよその所在地を示した地図です。
お出かけになる時の目安としてお役立
てください。
1
2
3
山住神社(P054)
秋葉山本宮秋葉神社(P052)
飽波神社(P038)
焼津神社(P036)
小國神社(P050)
大井神社(P040)
井伊谷宮(P064)
極楽寺(P048)
細江神社(P066)
事任八幡宮(P042)
油山寺(P046)
可睡斎(P056)
舘山寺(P068)
矢奈比賣神社
(P058)
法多山 尊永寺(P044)
西光寺(P060)
五社神社 諏訪神社(P062)

愛知MAP
おおよその所在地を示した地図です。お出かけになる時の目安としてお役立てください。
1
2
3
桃太郎神社(P120)
北野天神社(P118)
大縣神社(P116)
田縣神社(P114)
尾張大国霊神社(P112)
伊奴神社(P102)
日吉神社(P104)
菅津神社(P106)
津島神社(P110)
豊國神社(P108)
名古屋東照宮(P084)
那古野神社(P086)
晴明神社(P088)
城山八幡宮(P094)
高牟神社(P096)
若宮八幡社(P090)
洲崎神社(P092)
熱田神宮(P098)
日置神社(P100)
知立神社(P082)
瀧山東照宮(P074)
伊賀八幡宮(P076)
六所神社(P078)
伊文神社(P080)
砥鹿神社(P072)

INDEX

Staff

編集・制作

（有）マイルスタッフ
TEL:054-248-4202
http://milestaff.co.jp

取材・執筆・撮影

寺田なほ　岩科蓮花
小川裕子　村松高志
松下三枝子

編集・進行

海老原彩

デザイン・DTP

寺島香苗　山本弥生

●本書の地図（広域MAPは除く）は国土地理院長の承認を得て、同院発行の電子地形図25000を複製したものです。

静岡・愛知　ご朱印めぐり旅　乙女の寺社案内

2016年4月20日　第1版・第1刷発行
2019年3月10日　第1版・第7刷発行

著　者　ふじのくに倶楽部（ふじのくにくらぶ）
発行者　メイツ出版株式会社
代表者　三渡 治
〒102-0093 東京都千代田区平河町一丁目1-8
TEL：03-5276-3050（編集・営業）
03-5276-3052（注文専用）
FAX：03-5276-3105
印　刷　株式会社厚徳社

メイツ出版ホームページアドレス　http://www.mates-publishing.co.jp/
編集長：折居かおる　企画担当：折居かおる　制作担当：千代寧